Ted Andrews

Das Tor zu früheren Leben

Ted Andrews

Das Tor
zu früheren Leben

Auf Entdeckungsreise
in Ihre Vergangenheit

Verlag Hermann Bauer
Freiburg im Breisgau

Die Deutsche Bibliothek – CIP-Einheitsaufnahme

Ein Titeldatensatz für diese Publikation ist bei
Der Deutschen Bibliothek erhältlich

Illustrationen aus dem Rider-Waite Tarot Deck®,
auch Rider Tarot oder Waite Tarot genannt, werden abgedruckt
mit Genehmigung von U. S. Games Systems, Inc.,
Stamford, CT 06902 U. S. A.
© 1971 by U. S. Games Systems Inc.
Jegliche von U. S. Games Systens nicht genehmigte Verwertung
ist nicht zulässig. Das Rider-Waite Tarot Deck®
ist ein eingetragenes Warenzeichen.

Die amerikanische Originalausgabe erschien 1992
bei Llewellyn Publications, St. Paul, Minnesota, USA, unter dem Titel
How to Uncover Your Last Lives
© 1992 by Ted Andrews

Deutsch von Matthias Schossig
Lektorat: Karin Vial

1. Auflage 2000
ISBN 3-7626-0783-4
© für die deutsche Ausgabe 2000 by
Verlag Hermann Bauer GmbH & Co. KG, Freiburg i. Br.
Coverdesign: Ananda Kurt Pilz, Stolberg
Satz: Fotosetzerei G. Scheydecker, Freiburg i. Br.
Druck und Bindung: Freiburger Graphische Betriebe, Freiburg i. Br.
Printed in Germany

Meiner Familie, meinen Freunden
und meinen Schülern gewidmet –
ganz besonders meiner Familie in Columbus,
für ihre Hilfe, ihre Freundschaft
und ihren liebevollen Humor.

»Vocatus atque non vocatus, Deus aderat.«
(»Gerufen oder ungerufen, Gott war da.«)

Inhalt

1
Reinkarnation verstehen

Es wird uns vielleicht niemals gelingen, zu beweisen, daß wir früher schon einmal gelebt haben. Selbst wenn es uns gelänge, Namen, Daten und Orte herauszufinden, so beweist dies doch immer noch nicht, daß wir zu jener Zeit und an jenem Ort auch wirklich gelebt haben. Warum also ein Buch über die Aufdeckung früherer Leben schreiben? Weil auch ohne schlüssige Beweise die Auseinandersetzung mit dem Thema außerordentlich bereichernd, heilsam und horizonterweiternd sein kann.

Reinkarnation bedeutet für verschiedene Menschen verschiedene Dinge. Es handelt sich um eine Theorie, eine Philosophie, ein Glaubenssystem und eine Lebenshaltung. Sie erklärt viele unerklärliche Geheimnisse im Leben. Sie bietet eine Möglichkeit, Ungerechtigkeiten und Leiden zu verstehen, die Teil unserer Existenz sind. Sie vermittelt uns Einblicke, warum wir Menschen so unterschiedlich sind.

Doch noch wichtiger ist die Tatsache, daß Reinkarnation uns ein Modell an die Hand gibt, für unser Verhalten und unser Leben selbst die Verantwortung zu übernehmen. Dieses Buch wird Ihnen zeigen, daß Sie selbst Meister Ihres Schicksals sind. Es wird Sie lehren, daß alles, was Sie heute sind, die Summe Ihrer Vergangenheit ist, und daß alles, was

Sie morgen sein werden, dadurch bestimmt ist, wie Sie
heute leben.

Für viele ist dies eher erschreckend. Denn es beseitigt
sämtliche Teufel, Dämonen und andere Sündenböcke, denen wir gern die Schuld an unseren Lebensumständen in
die Schuhe schieben. Gleichzeitig ist es jedoch auch sehr
spannend, denn es hilft uns zu erkennen, daß wir das Drehbuch unseres Lebens tatsächlich selbst schreiben können.

Dieses Buch wird Ihnen helfen, Ihre früheren Leben zu
erkunden und zu erkennen, daß diese dazu beigetragen
haben, Sie zu dem zu formen, was Sie heute sind. Sie werden sehen, daß wir eine Synthese all des Vorangegangenen
sind; während diese Erkenntnis durch die Enthüllung Ihrer
früheren Leben immer konkreter wird, wächst auch Ihre
Fähigkeit, Ihr Leben zu beherrschen und neu zu gestalten.
Sie werden in allem aktiver sein. Statt sich zurückzulehnen
und den Dingen in Ihrem Leben ihren Lauf zu lassen, werden Sie alles aus einer neuen, richtigeren Perspektive sehen
können und entsprechend anders handeln. Dann werden
Sie sich nicht mehr ratlos fragen müssen: »Warum passiert
das ausgerechnet immer mir? Warum begegne ich immer
solchen Leuten und renne immer wieder in *dieselben* Situationen?« Dieses Buch wird Ihnen helfen das größere Muster
in Ihren persönlichen Lebensumständen wiederzufinden.

Wörtlich übersetzt, bedeutet Reinkarnation die Rückkehr in den physischen Körper. Dies beruht auf dem Glauben, daß die Seele im Tod den einen Körper verläßt, um
sich dann auf die Rückkehr ins Leben in einer anderen physischen Gestalt vorzubereiten. Die Umstände dieser Wiederkehr – das gesamte jeweilige Umfeld des Lebens – wird
durch das Wachstum und den Fortschritt bestimmt, der in
den früheren Leben erzielt wurde. Jede Persönlichkeit ist
eine Synthese dessen, was sie in der Vergangenheit durch-

lebt hat, und ihre Wiedergeburt findet in genau der Umgebung statt, in der sie sich am besten weiterentfalten und auf das Vergangene aufbauen kann. Je besser wir folglich unser Leben leben, desto förderlicher werden die Umstände unserer Wiedergeburt sein.

In einigen Regionen der Welt gilt die Lehre, daß die Seele in jeglicher physischen Gestalt wiederkehren kann – als Baum, als Insekt oder als Mensch, oft auch als Tier. Ein Beispiel dafür ist die afrikanische Zulu-Tradition, wie Sylvia Cranston und Carey Williams in ihrem Buch *Reincarnation A New Horizon in Science, Religion and Society* (Reinkarnation – ein neuer Horizont für Wissenschaft, Religion und Gesellschaft)[1] berichten:

»Innerhalb des Körpers lebt eine Seele; innerhalb der Seele lebt der Funke des *Itongo*, des Universalen Geistes. Nach dem Tod des Körpers verharrt die *Idhozi*, die Seele, eine Weile in der Nähe des Körpers und bricht dann ins *Esilweni* auf, das Reich der wilden Tiere. Im *Esilweni* nimmt die Seele die Gestalt eines Wesens an, das teils wildes Tier, teils Mensch ist, bevor es sich weiterentwickelt ... Je nach Stärke der Tiernatur kann die Seele ihre Tiergestalt abwerfen und sich zu einem Ort der Ruhe begeben. Dort schläft sie dann, bis die Zeit kommt, in der sie träumt, daß es für sie auf der Erde etwas zu tun und zu lernen gibt: dann erwacht sie, kehrt zur Erde zurück und wird als Menschenkind wiedergeboren. Die Seele wiederholt dies so lange, bis sie eins wird mit dem *Itongo*, dem Universalen Geist.«

Dieses Annehmen einer vorübergehenden tierischen Gestalt ist etwas anderes, als in einen Tierkörper hineinzugehen. Es

---

[1] Julian Press, New York, 1984, Seite 164–166.

ähnelt in der Tat den östlichen Bardolehren und sogar der
Lehre des Fegefeuers, in dem die Tiernatur abgelegt werden
muß, bevor die geläuterte Seele in den Himmel aufsteigen
kann. Hellseher berichten davon, daß sie Verstorbene gesehen haben, die kurz nach ihrem Tod das Gewand eines
Tieres trugen, welches ihrer irdischen Natur entsprach. Die
Deutung solcher Visionen könnte fälschlicherweise zu dem
Glauben geführt haben, daß Menschen auch als Tiere wiedergeboren werden.

Dieses Buch wird die Theorie der Reinkarnation ausschließlich von der menschlichen Warte aus betrachten,
d. h. insofern, als die Seele sich nach ihrem Ableben die
Hülle eines anderen menschlichen Körpers sucht. Es wird
lediglich ein einfacher begrifflicher Rahmen abgesteckt, der
es Ihnen ermöglicht, Ihren eigenen persönlichen Erkun-
dungsprozeß zu beginnen. Es würde den Rahmen dieses
Buches sprengen, die vollständigen philosophischen und
theoretischen Implikationen des Reinkarnationsprozesses
zu behandeln.

Eine Inkarnation ist eine Zeitspanne der Existenz im Körper. Dies ist jedoch nur die eine Hälfte eines Entwicklungszyklus: Der vollständige Zyklus ist die Zeitspanne von einer
Geburt in die Materie bis zur nächsten Wiedergeburt. Der
Zeitraum vom Moment der Empfängnis bis zu dem physischen Übergang, den wir »Tod« nennen, ist die eine Hälfte
dieser Periode. Sie wird die »weltliche« oder »physische«
Phase genannt. Die zweite Hälfte ist die Periode vom Augenblick des Todes bis zum Moment der Wiedergeburt, auch
»kosmische« oder »spirituelle« Zwischenphase genannt.

Die weltliche Phase beginnt im Augenblick der Empfängnis. In diesem Moment beginnt das Bewußtsein der
hereinkommenden Seele sich an das befruchtete Ei anzupassen. Weil die Seelenenergie so dynamisch und intensiv

DER INKARNATIONPROZESS

unsere wahre spirituelle Essenz

Unsere wahre Essenz ver-
langsamt ihre Schwin-
gungsintensität stufeweise,
um sich in den Körper zu
integrieren, ohne ihn zu
verbrennen. Diese Stufen
sind die feinstofflichen
Körper, Energieschichten,
die unsere Essenz um sich
herum formt, um sich voll-
ständiger mit dem sich
entwickelnden physischen
Körper verbinden zu kön-
nen. Das Bewußtsein dage-
gen verbindet sich unmit-
telbar mit dem Körper,
vom Moment der Emp-
fängnis an, jedoch mit allmählich sich verstärken-
der Intensität.

göttlich

monadisch

atmisch

buddhisch

mental

astral

Feinstoffliche Körper
(Energieschichten, die
den physischen Bereich
umhüllen und durch-
dringen)

ist, kann sie sich nicht sofort vollständig in den sich entwickelnden Körper integrieren. Sie nutzt die neunmonatige Phase der Schwangerschaft, um ihre Schwingungsintensität so weit zu verlangsamen, daß sie sich etwa zum Zeitpunkt der Geburt vollständig und sicher mit der Leibesfrucht verbinden kann. Das *Bewußtsein* der Seele integriert sich während der Schwangerschaft, und zwar mit zunehmender Intensität. (Dieses Mysterium und seine Rolle bei der Evolution der Seele wird in Kapitel 5 im Zusammenhang mit dem Übergang beim Sterben näher erläutert.)

Die kosmische oder spirituelle Zwischenphase beginnt im Moment des Überganges, den man »Tod« nennt. Eine der häufigsten Fragen ist, was während dieser Phase *zwischen* den Inkarnationen geschieht. Diese Periode gestattet es der Seele, sich zu erholen, die Erfahrungen des vorangegangenen Lebens zu verarbeiten und zu assimilieren und sich gleichzeitig auf die nächste Inkarnation vorzubereiten. Wir dürfen nicht vergessen, daß unsere wichtigsten und intensivsten Lektionen sich aus den Erlebnissen und Erfahrungen unseres physischen Lebens speisen. Diese Erfahrungen, große und kleine, müssen verarbeitet und in die rechte Perspektive gebracht werden.

Die Zwischenphase gestattet es der Seele, sich nach den intensiven Erfahrungen des physischen Lebens zu erneuern und zu erfrischen. Sie macht es möglich, daß die Seele mit den im Physischen Erlebten vom Göttlichen Geist erhellt wird. Sie dient dazu, die Fähigkeiten der Seele zu stärken und sie auf eine Rückkehr zur Erde vorzubereiten, um einen eventuell nötigen Ausgleich herzustellen und durch neue Lebenslektionen weitere Wachstumsmöglichkeiten zu bieten. Die Vorbereitungen für den idealen Zeitpunkt, den richtigen Ort und die richtigen Bedingungen brauchen ihre Zeit.

EIN SYMBOL DER REINKARNATION

In diesem alten östlichen Symbol von Yin und Yang können wir das Mysterium der Reinkarnation erkennen: Die schwarze Seite ist die Hälfte des Entwicklungszyklus, den wir im Physischen verbringen, die weiße Seite die Hälfte, die wir im Spirituellen verbringen. Zusammen bilden sie *einen* Wachstumszyklus. Weil es sich um einen Kreis handelt, endet der Zyklus jedoch nie. Aus einem Zyklus erwächst immer der nächste. Unser Wachstum und unsere Entwicklung hören niemals auf.

Diese Trennung von Entwicklungszyklen läßt sich gut mit dem chinesischen Yin-Yang-Symbol verdeutlichen: Die dunkle Seite symbolisiert unsere Zeit im, die helle Seite die Zeit außerhalb des physischen Körpers. Der weiße Punkt in dem dunklen Bereich ist die im physischen Leben wohnende Seele. Der schwarze Punkt im hellen Bereich sind die physischen Lebensumstände, die zur Vermehrung unseres spirituellen und seelischen Wachstums beitragen und die wir während der spirituellen Zwischenphase assimilieren. Die geschwungene Linie, die beide Phasen trennt, könnte die ständige gegenseitige Bereicherung und Bewegung darstellen – das Spirituelle zum Physischen und das Physische zum Spirituellen.

Obwohl dies nicht die traditionelle Interpretation dieses Symbols ist, ist es doch eine Sichtweise, die ich in der Meditation über Leben, Tod und Wiedergeburt für sehr hilfreich halte. Das Symbol hilft, ein Gefühl für die Unendlichkeit und Verbundenheit mit unseren eigenen, individuellen Lebensumständen zu erwecken. Es erinnert uns daran, daß wir das Spirituelle nicht vom Physischen trennen können, daß Geburt und Tod, Tod und Wiedergeburt zusammengehören. Es kann uns Zugang zum Verständnis der Zyklen unserer eigenen Entwicklung geben.

Um zu verstehen, wie dieses Symbol auf uns wirkt, müssen wir überkommene Konzepte wie Schicksalsergebenheit, Vorbestimmung und Herkunft neu definieren.

Schicksalsergebenheit oder *Fatalismus* ist der Glaube, daß wir in eine materielle Welt hineingeboren sind und daß unser Platz in dieser Welt rein zufällig zustande gekommen ist, wie in einem Lotteriespiel. Wir kommen aus dem Nichts, und wenn wir sterben, gehen wir wieder ein in das Nichts – ohne durch ein Gesetz von Gerechtigkeit, Liebe oder Vergebung geleitet zu werden. Für jeden, der an eine

gütige göttliche Macht im Universum glaubt, wird diese
Sichtweise einfach nicht stimmen: Warum sich im Leben
anstrengen, lernen und studieren und sich bemühen, alles
gut zu machen, wenn ohnehin alles sinnlos ist? Dies ist eine
furchtbar deprimierende Lebenssicht.

Vorbestimmung oder *Prädestination* ist der Glaube, daß
durch göttliche Vorsehung, von Gott oder der Allmacht des
Universums angeordnet, manchen Menschen und Engeln
Erfolg und immerwährendes Leben vorherbestimmt ist,
während andere zu immerwährendem Tod verurteilt sind.
Auch dies ist eine furchtbar pessimistische Lebenssicht.
Außerdem: Welche wahrhaft göttliche Instanz würde denn
auf solch menschliche und willkürliche Weise handeln?

Diese Sicht der Vorbestimmung wird sich etwas verändern, wenn wir uns in Kapitel 2 die Gesetze von Karma
und Ausgleich anschauen, die im Reinkarnationsprozeß
mitwirken. Was ich in diesem Buch aufzeigen möchte ist,
daß die Art und Weise, wie wir unser Leben *jetzt* leben, den
Ton angeben wird für das, was wir *in Zukunft* erleben. Wir
selbst bestimmen unser Leben vorher – zum Guten oder
zum Schlechten. Wir können dies keiner fernen göttlichen
Macht zuschreiben. Wir selbst schreiben unser Drehbuch,
und übernehmen auch selbst die Rollen darin!

Wie paßt nun aber die genetische Herkunft in diesen
Reinkarnationsprozeß? Traditionell sehen wir uns als die
Summe der genetischen Eigenschaften, des Erbguts unserer
Eltern, mit sämtlichen Wesenszügen, die wir von ihnen ge-
erbt haben. Aus der Sichtweise der modernen Reinkarnationslehre ist dies jedoch nur die halbe Wahrheit: Natürlich
hat die Genetik einen Einfluß, indem sie dem einzelnen eine
Veranlagung für bestimmte Züge und Charaktereigenschaf-
ten mitgibt. Aus der Sichtweise der Reinkarnation können
wir jedoch davon ausgehen, daß dies nicht unbedingt zufäl-

lig geschieht. Aufgrund dessen, was vielleicht auf der seelischen Ebene noch zu lernen ist und was in der Vergangenheit schon geschafft wurde, *wählen wir* uns die Eltern und die Umwelt, die uns eben diese Veranlagung mitgeben können. Wir dürfen dabei jedoch eines nicht vergessen: In diesem Prozeß gibt es immer eine freie Variable. Wir können nicht alles wissen, was sich entfalten wird. Wir können nicht alle Elemente unserer Wiedergeburt und der Umgebung, in die wir geboren werden, kontrollieren. Wir haben einen freien Willen, ebenso wie jeder andere Mensch auf diesem Planeten. Wir können wohl wählen und den Rahmen für unsere Lebensumstände setzen, aber die Details innerhalb dieses Rahmens können sich radikal von dem unterscheiden, was wir erwarten. Sobald wir uns in der physischen Hülle befinden, sind die Dinge nicht mehr vorherbestimmt. Die Seele wählt sich die Umstände aus, von denen sie hofft, daß sie weiteres Wachstum und Entwicklung ermöglichen, aber nicht alle Elemente dieser Wiedergeburt sind kontrollierbar.

Ich glaube, die Seele weiß dies auf einer bestimmten Ebene und wählt daher die Umstände einer Geburt, von der sie hofft, daß sie zu positivem Wachstum führt. Weil einige Dinge einfach nicht vorhersehbar sind, müssen möglicherweise Änderungen vorgenommen werden. Doch auch dann wird die Seele noch Möglichkeiten finden, um zu wachsen und sich zu entwickeln.

Ein häufig verwendetes Argument gegen die Reinkarnationstheorie führt die Opfer von Kindesmißbrauch ins Feld. Haben sie sich in einem früheren Leben selbst dieser Vorgehen schuldig gemacht? Was könnten sie aus solchen Erfahrungen lernen wollen? Warum würde sich eine Seele überhaupt ein Leben aussuchen, in dem ihr so etwas geschieht? In diesem Bereich spielt bedauerlicherweise die Variable des freien Willens eine Rolle.

Das Studium von Reinkarnation und früheren Leben kann uns helfen, Muster jenseits unseres gegenwärtigen Lebens zu erkennen. Es hilft uns, bei den Entscheidungen, die wir in den verschiedensten Lebensbereichen zu treffen haben, ein höheres Maß von Verantwortung zu entwickeln, sei es bei der Entscheidung, ob man Kinder haben will oder nicht, oder bei der Entscheidung für ein bestimmtes Verhalten. Bevor wir wirklich unser Verhalten in einer bestimmten Richtung beeinflussen können, müssen wir es erst einmal bei der Wurzel fassen und erkennen, daß unser Leben in diesem Körper nur ein Bruchteil des Lebens unserer Seele ist. Wir müssen erkennen, daß unsere gegenwärtige Persönlichkeit eine Synthese aller Persönlichkeiten ist, die wir in sämtlichen anderen Leben besaßen und entwickelt haben. Wir manifestieren diese eine sich entwickelnde Persönlichkeit, doch sie ist eine Vereinigung der wesentlichen Elemente aller vorangegangenen Persönlichkeiten.[2] Wir gestalten unser Leben und verleihen uns Ausdruck in einer unendlichen Vielfalt immer neuer Momente. Alle sind miteinander verbunden, doch jeder ist in sich selbst einzigartig.

Wir werden wiedergeboren, um unseren Charakter, unsere Persönlichkeit auf eine höhere Stufe zu bringen und sie vollständig in Harmonie mit der Seele zu vereinigen.

---

[2] Bei dem Phänomen der multiplen Persönlichkeitsstörung werden heute auch Experimente und Forschungen aus der Perspektive früherer Leben einbezogen. Das durch sexuellen Mißbrauch ausgelöste Trauma, das bei dieser psychischen Störung häufig vorkommt, ist vermutlich der Auslöser für die Aufsplittung der Persönlichkeit. Für jede schwierige Situation, die im Leben einer solchen Person entsteht, bildet sich eine neue »Teilpersönlichkeit«, und eine Persönlichkeit aus einem vergangenen Leben kommt zum Tragen. Diese Persönlichkeit ist gewöhnlich diejenige, die imstande ist, mit der jeweiligen Situation fertig zu werden.

Durch diese Verbindung und Entwicklung lernen wir, die
Energien und die Kraft unserer Seele zum Ausdruck zu
bringen. Wir haben die Gelegenheit, unsere Evolution
selbst zu bestimmen, zu Menschen zu werden, die durch
die Kraft ihrer Liebe und ihres Willens zu Mitschöpfern in
der Welt werden.

ÜBUNG:
HABEN SIE ERFAHRUNGEN AUS
FRÜHEREN LEBEN?

Die folgende Liste von Fragen dient dazu, Ihnen zu helfen,
sich für die Möglichkeit früherer Leben zu öffnen. Es handelt sich um ganz normale Fragen, die, wenn sie bestätigt
werden, durch Reinkarnation erklärt werden können. Obwohl es auch andere Erklärungsmodelle gibt, können die
Antworten mögliche Hinweise auf frühere Inkarnationen
enthalten. Schließen Sie nichts von vornherein aus!

1. Gibt es Orte, an die Sie in Ihren Träumen immer wieder
   zurückkehren?
2. Gibt es Orte, an die Sie niemals geraten möchten?
3. Gibt es Epochen, zu denen Sie sich besonders hingezogen fühlen oder mit denen Sie sich am liebsten beschäf-
   tigen?
4. Gibt es bestimmte Aktivitäten, denen Sie schon immer
   gern zugesehen haben oder an denen Sie gern teilnehmen würden?
5. Gibt es irgendwelche Aktivitäten, an denen Sie schon

ZEIT

Eine Inkarnation ist ein Bruchteil des
gesamten Seins der Seele, ganz gleich,
wie wir die Zeit messen.

Zeit bekommt eine andere Bedeutung, wenn man sie im Licht
der Reinkarnation und früherer Leben betrachtet. Eine Inkarnation
ist nur ein Bruchteil unseres wahren Lebens. Wir versuchen die Zeit
auf verschiedene Weise aufzuteilen: Sekunden, Minuten, Stunden und
Jahre, doch diese Maße beziehen sich alle auf eine einzige Inkarnation. Wann wird sich unser Blick auf das gesamte Bild erweitern?

immer gern einmal teilgenommen hätten? Oder solche, um die Sie sich gern drücken (würden)?

6. Gibt es irgendwelche Gegenden, die bei Ihnen negative Gefühle auslösen?

7. Gibt es irgendwelche Gegenden, zu denen Sie sich besonders hingezogen fühlen?

8. Gibt es bestimmte Menschen oder Völker, zu denen Sie sich hingezogen fühlen oder an denen Sie besonderes Interesse haben (ethnisch, religiös, sozial oder anderweitig)?

9. Gibt es bestimmte Menschen oder Völker, denen Sie lieber aus dem Wege gehen würden (ethnisch, religiös, sozial oder anderweitig)?

10. Gibt es Ängste, die Sie seit frühester Kindheit, so erinnern Sie sich, schon mit sich herumtragen?

11. Welche Talente besitzen Sie, von denen Sie schon immer gewußt haben – auch wenn Sie noch nie von ihnen Gebrauch gemacht haben?

12. Welches ist Ihr Lieblingsessen? Was mögen Sie überhaupt nicht?

13. Haben Sie von Geburt an irgendwelche chronischen Krankheiten?

14. Gibt es bei Ihnen irgendwelche chronischen Probleme, emotionalen Angelegenheiten oder Charaktermerkmale, die Sie Ihrer frühesten Kindheit zuschreiben können?

15. Gibt es Menschen, zu denen Sie sich sofort hingezogen fühlen, selbst wenn Sie sie gerade erst kennengelernt haben? Gibt es Menschen, in deren Gegenwart Sie sich überhaupt nicht wohl fühlen oder die Sie abstoßend empfinden, selbst wenn Sie sie erst vor kurzem getroffen haben?

16. Haben Sie jemals so etwas wie ein Déjà-vu erlebt? (*déjà*

vu ist französisch für »schon gesehen«. Es ist das Gefühl, daß einem eine Szene, eine Straße, ein Haus oder
irgend etwas anderes seltsam bekannt vorkommt, obwohl man es noch niemals gesehen oder erlebt hat.)
17. Kleine Kinder liefern oft spontane Beweise für ein
früheres Leben.[3] Sie sprechen oft von einem anderen
»Zuhause« und anderen Beziehungen zu Menschen ihrer Umgebung. Dies geschieht zumeist so nebenbei, und
man mißt ihren Worten selten Bedeutung zu. Ist Ihnen
das als Kind auch so gegangen? Haben Sie dies bei Kindern schon einmal erlebt?
18. Können Sie sich vorstellen, daß die Möglichkeit eines
früheren Lebens das Phänomen der »Wunderkinder«
erklären könnte?
19. Haben Sie immer wieder von einer bestimmten Zeit
oder von bestimmten Orten geträumt? (Träume, die
vergangene Leben reflektieren, treten häufig wiederholt
auf, und sie haben etwas sehr Lebendiges und Deutliches an sich.) Wird in Ihren Träumen jemals eine
fremde Sprache gesprochen? Tauchen Gestalten oder
Umgebungen aus vergangenen Zeiten auf? Gibt es ana-
chronistische Elemente in Ihren Träumen, also z. B.
Kleidung, Werkzeuge, Menschen oder Schauplätze aus
alten Zeiten in einem Traum, der ansonsten in der Gegenwart spielt?

---

[3] Solches Verhalten ist bei Kindern ein zuverlässigerer Hinweis als
bei Erwachsenen. Bei Erwachsenen ist es wahrscheinlicher, daß
solche Aussagen auf Erlebnissen oder Informationen beruhen, die
man im eigenen Leben zwar erlebt, aber längst vergessen hat. Bei
kleinen Kindern ist dies weitaus weniger wahrscheinlich, ebenso
wie die Möglichkeit, daß die Erinnerung lediglich einer überhitzten
Phantasie entspringt.

20. Hatten Sie jemals außerkörperliche Erlebnisse, bewußt oder unbewußt? Waren Sie jemals dem Tod nahe? Was haben Ihnen diese Erlebnisse in bezug auf die Möglichkeit eines Lebens nach dem Tod und Wiedergeburt gesagt?

2
Altes Wissen um
frühere Leben erwecken

Eine der häufigsten Einwände, die Menschen vorbringen,
wenn sie nicht akzeptieren oder glauben, daß es so etwas
wie Reinkarnation gibt, ist, daß angeblich jeder in seinem
früheren Leben eine Berühmtheit oder eine ganz große Persönlichkeit gewesen sei. Von den wenigsten Befürwortern
der Reinkarnation und früherer Leben wird man so eine
Behauptung jedoch zu hören bekommen – aber leider sind
es gerade sie, die die Aufmerksamkeit auf sich ziehen. Es
kann einem sogar heute noch passieren, daß man auf Menschen trifft, die behaupten, früher Merlin, Nofretete oder
König Artus gewesen zu sein.

Natürlich besteht die Möglichkeit, daß dies wahr ist – in
einigen sehr seltenen Fällen. Es ist jedoch sehr viel wahrscheinlicher, daß wir niemals wissen werden, wer diese Persönlichkeiten in der Gegenwart sind, falls sie überhaupt in
der Gegenwart sind. Die meisten früheren Leben sind eher
ziemlich langweilig. Nicht jeder wird sich an ein berühmtes
früheres Leben erinnern. Unsere größten Entwicklungsmöglichkeiten ergeben sich in Leben, in welchen wir die
kreativen Möglichkeiten kennenlernen, die wir innerhalb
eingeschränkter, wenig glanzvoller Umstände haben.

Sich von dem Glanz und Ruhm einer früheren Inkarnation faszinieren zu lassen ist sehr verführerisch. Die Ent-

deckung eines früheren Lebens kann sehr aufregend sein,
aber wir müssen aufpassen, daß wir nicht ein Leben voller
Glanz und Gloria erschaffen, um von unseren gegenwärtigen Lebensumständen abzulenken. Wir müssen ganz prag-
matisch sein. Wenn wir an der Erkundung früherer Leben
arbeiten, ist es nicht so wichtig, zu zeigen, wer wir waren –
viel wichtiger ist es, daß wir lernen, wie jenes Leben oder
eine Reihe von Leben uns in unserem *gegenwärtigen* Leben
beeinflussen!

Namen und Daten, selbst wenn sie offenbar authentisch
und historisch korrekt sind, beweisen nicht unbedingt eine
Reinkarnation. Ebensowenig beweisen sie, daß Sie das In-
dividuum waren, welches zu jener Zeit gelebt hat. Wenn
diese Informationen uns hellhörig macht, dann hat sie ihren
Sinn erfüllt. Reinkarnation kann nur Sinn machen, wenn
wir sie als einen spiralförmigen evolutionären Prozeß sehen
– nicht nur als zyklische Wiederkehr.

Das Wissen um frühere Leben kann Ihnen helfen, Ihrer
psychischen Konstitution eine neue Tiefe zu eröffnen. Es
kann Ihnen tiefere Einsichten in Ihre gegenwärtigen Lebensumstände geben. Doch ist dies nicht für jeden interessant
und von Bedeutung, und manch einer sollte seine Zeit lieber anderen Dingen widmen, denn seine Probleme stehen
eher im Bezug zu seinem gegenwärtigen Leben als zu seiner
Vergangenheit. Und dann gibt es noch jene, die in ihrer eigenen Evolution einen bestimmten Punkt erreicht und eine
so kraftvolle spirituelle Disziplin entwickelt haben, daß sie
zunehmend gefestigt und zur Erleuchtung geführt werden.
In solchen Fällen ist ein Wissen um frühere Leben völlig
unerheblich.

Sie sollten auch bedenken, daß Sie sich der Gesetze der
Evolution, der Reinkarnation und des Karmas nicht bewußt
sein müssen, um ein erfülltes Leben zu führen und innerlich

zu wachsen. Jeder Mensch, der einfach nach der goldenen Regel, anderen zu dienen, lebt, der seine Pflichten und Aufgaben im Leben so kreativ wie möglich erfüllt, tut ohnehin das, was er im Leben zu tun hat. Ein solches Leben wird automatisch die Gelegenheiten erschaffen, durch welche die Einflüsse der Vergangenheit überwunden werden und für die Zukunft die rechte Saat gelegt wird.

Es gibt viele verschiedene Theorien darüber, woher das Wissen um frühere Leben stammt. Eine Theorie besagt, daß wir *nacheinander* eine Reihe von Leben führen, von denen jedes zu unserem Wachstum und unserer Entwicklung beiträgt. Alle Informationen aus diesen früheren Leben werden in einem Wissensreservoir auf einer tiefen Ebene des Geistes gespeichert. Eine zweite Theorie besagt, daß wir multidimensionale Wesen sind. In dieser Theorie leben wir alle Leben *gleichzeitig*, unser Bewußtsein ist jedoch auf unser gegenwärtiges Lebens fokussiert. Die Informationen aus früheren Leben kommen durch eine Verbindung mit diesen tieferen Dimensionen des eigenen Lebens ans Tageslicht, die andere Zeiten und Szenarien gewählt haben, um bestimmte Lektionen zu lernen.

Eine dritte Theorie über die Quelle von Wissen aus früheren Leben ist die, daß unser Unbewußtes unsere eigene gegenwärtige Situation – unsere Einstellungen, Erlebnisse, die Menschen, denen wir begegnen – in ein Szenario übersetzt, das uns gestattet, sie objektiver zu betrachten und tiefere Einsichten zu erhalten. Das aufgedeckte *frühere* Leben ist eine intuitive und kreative Neuinterpretation der Gegenwart.

Eine vierte Theorie ist, daß unsere eigene individuelle Seele Teil einer größeren und bedeutenderen Über-Seele ist. Es kann Millionen von Seelen auf dieser Erde geben, die alle Teil derselben Über-Seele sind. Wenn wir Zugang zu

etwas bekommen, was wir für Information über frühere
Leben halten, greifen wir lediglich auf den Erfahrungs-
schatz zu, der von anderen Seelen erlebt und geteilt wird,
die mit derselben Über-Seele in Verbindung stehen. Dieser
Begriff der Über-Seele kann mit einem Phantasie-Rollen-
spiel verglichen werden: Die Über-Seele erschafft Gestalten,
die an Abenteuern in einer Welt teilnehmen, welche sie erschaffen hat. Jede dieser Gestalten trägt einen Funken der
Über-Seele in sich, und zum Zeitpunkt des Todes wird dieser Funke und das gesammelte Wissen und die Erfahrung
wieder von der Über-Seele assimiliert.[4]

Eine weitere Theorie besteht darin, daß das frühere Leben ein Symbol für einen Wunsch, eine innere Sehnsucht
oder sogar ein unbewußter Auslöser für eine bestimmte
Handlungsrichtung ist. So hat vielleicht jemand, der ein
früheres Leben als Shakespeare bei sich aufdeckt, das Be-
dürfnis zu schreiben. Jemand, der ein Leben als erfolg-
reicher Gladiator bei sich entdeckt, erhält vielleicht dadurch
eine Botschaft seines Unterbewußtseins, daß er in irgendeiner gegenwärtigen Lebenssituation eine stärkere Position
einnehmen und kämpfen sollte.

Es gibt noch weitere Theorien, doch allein die Tatsache,
daß es sie gibt, gibt zu bedenken, daß Information aus
früheren Leben nicht so leicht zu deuten ist. Die Psycholo-

---

[4] Dies ist vergleichbar mit dem Prozeß der Erschaffung einer
»Tulpa« in Tibet. Die Meditierenden visualisieren so stark und
deutlich eine bestimmte Wesenheit, daß diese von der Kraft der
Meditation aufgeladen wird und ein Eigenleben entwickelt. Dies
geschieht auf eine ähnliche Weise, wie wenn ein Autor eine
Romanfigur entwickelt, mit dem Unterschied, daß das Maß der
Konzentration und das magische Ritual die Manifestation der Ge-
stalt noch erheblich verstärken. Man könnte dies auch mit den
Materialisationen vergleichen, die bei spiritistischen Séancen erleb-
bar werden.

gie ist keine exakte Wissenschaft, und viele Aspekte des Geistes und seiner Funktionen sind bis heute ein Rätsel. Die Aufdeckung früherer Leben funktioniert am besten, wenn man davon ausgeht, daß sie eine Tatsache, ein Fakt, sind. Die Deutung dieser »Fakten« kann später erfolgen. Zunächst ist es wichtig, den Geist zu neuen Entdeckungen anzuregen. Selbst wenn wir diese bloß als symbolische Botschaften des Unbewußten behandeln, können wir uns für ganz außergewöhnliche Einsichten öffnen. Es wird nicht lange dauern, bis wir erkennen, daß die erlebten Szenarien mehr sind als bloße Erinnerungen an Einzelheiten, die man einfach vergessen hatte.

In den folgenden Kapiteln finden sich Übungen, die Sie Schritt für Schritt durch Ihre persönliche Entdeckungsreise führen. Wenn Sie diese Übungen mit der rechten inneren Einstellung von Anfang bis Ende durchführen, werden sie dynamische Ergebnisse hervorbringen. Die Übungen sind geeignet, tiefere Bewußtseinsschichten freizulegen und die schöpferische Phantasie zu aktivieren. Sie sollten jedoch schöpferische Phantasie nicht mit unwirklichen Phantasiegebilden verwechseln: Kreative Phantasie ist jenes Potential des menschlichen Geistes, das uns hilft, eine Verbindung zu den feinstofflicheren Schichten unserer Wahrnehmung und des Universums herzustellen.

Die weiteren Übungen in diesem Buch beinhalten spezielle Meditationen, Selbsthypnose und Wahrsagetechniken, die Sie anwenden können, um jene Leben freizulegen, die Sie in der Gegenwart am meisten beeinflussen. Haben Sie keine Angst, sie einzusetzen und für sich anzupassen! Gehen Sie auch nicht mit vorgefaßten Meinungen an sie heran. Das Aufdecken früherer Leben kann viele unserer Erwartungen und Illusionen über uns selbst zerstören. *Es ist ein Prozeß der Selbsterkenntnis und der Bewußtwerdung.*

Seien Sie kritisch! Nehmen Sie das Erlebte nicht immer wörtlich. Fragen Sie sich immer wieder, in welcher Weise diese eben freigelegte Lebensspanne Sie *im Augenblick* beeinflußt. Wenn Sie dies nicht erkennen können, ist es gut möglich, daß jenes Leben nichts weiter ist als eine Einbildung oder einfach unwichtig.

Denken Sie daran, daß Ihr Hauptziel immer darin liegt, in der Gegenwart zu sein. Wenn Sie merken, daß Sie mehr über Ihre früheren Leben reden als über alles andere, oder wenn Sie es nach der Arbeit überhaupt nicht abwarten können, endlich nach Hause zu kommen, um wieder neue, aufregende Informationen aufzudecken, oder wenn Sie merken, daß Sie wegen Ihrer Reinkarnationsforschungen irgend etwas in Ihrem gegenwärtigen Leben vernachlässigen, *hören Sie sofort damit auf!* Sie haben es mit sehr subtilen Ebenen des Geistes zu tun und sollten daher besondere Vorsicht walten lassen.

Man bekommt nicht selten zu hören, daß es Unsinn sei, frühere Leben aufdecken zu wollen, weil uns dies ohnehin nur von der Gegenwart ablenken würde und womöglich sogar zu einer Spaltung unserer Persönlichkeit führen könne. Es könnte dunklere Aspekte wieder wachrufen und hochkommen lassen, die schon längst ausgeglichen worden waren. Es wird auch gesagt, daß frühere Leben sich auf eigene Weise enthüllen würden, wenn die Zeit dafür gekommen ist. Dies vorzeitig zu tun, bevor man selbst dazu bereit sei, könne frühere uns beängstigende Aspekte unseres Charakters enthüllen, und es könnte Dinge über uns ans Tageslicht bringen, die wir lieber gar nicht erst wissen möchten.

Jeder Selbsterkenntnisprozeß ist in gewisser Weise beängstigend! Aber wenn wir unser Leben bewußter lenken und neue Muster einführen wollen, müssen wir erst einmal in der Lage sein, die alten Muster und ihre Wurzeln zu erkennen. Nur dann können wir unser Leben von allem »Unkraut« befreien. Es gibt sichere Wege, dies zu tun. *Urteilsvermögen* und *Unterscheidungsvermögen* sind die Schlüssel. Wir dürfen keine schnellen Schlüsse ziehen – weder positive noch negative. Zuallererst sollten Sie die Erfahrungen, denen Sie im Lauf der Beschäftigung mit diesem Buch begegnen, als etwas Symbolisches sehen statt buchstäblich als frühere Leben. Dies wird es Ihnen leicht machen, zu einem besseren Verständnis zu gelangen, bis Sie schließlich die tiefere Bedeutung Ihrer Erkenntnisse verstehen lernen.

Bleiben Sie offen für Neues! Denken Sie daran, daß das oberste Gebot der antiken Mysterientempel lautete: »Erkenne dich selbst!« Selbst die Verantwortung für die eigene Entwicklung und das eigene Bewußtsein zu übernehmen heißt, sich für das Leben auf vielen Ebenen des Seins zu öffnen. Verantwortlich damit umzugehen heißt, Dinge, die man aus den verschiedensten Quellen erhält, aufzugreifen, umzuformen und in ein System einzubauen, das sich ständig weiterentwickelt und für jeden individuell am besten funktioniert. Es heißt, von dem, was Sie gelernt und erfahren haben, auf eine Weise Gebrauch zu machen, die für Sie am besten ist. Das zu erkennen und auf kreative Weise umzusetzen macht das Wunder und die Magie des Lebens aus – in Vergangenheit, Gegenwart und Zukunft!

ÜBUNG:
DAS TAGEBUCH FRÜHERER LEBEN

Es ist nicht ungewöhnlich, erste Einblicke in frühere Leben zu erhalten, sobald man anfängt, das Bewußtsein dafür zu schärfen und den Prozeß in Gang zu setzen. Eine gute Möglichkeit, solche Eindrücke in Erinnerung zu behalten und gleichzeitig weitere anzuregen, ist das Führen eines Tagebuches. Etwas Praktisches, Greifbares herzustellen, wie die Aufzeichnung der Erfahrungen mit den Übungen in diesem Buch, kann dazu dienen, eine deutliche Botschaft an das Unbewußte zu schicken. Ihr Unbewußtes wird erkennen, daß Sie es wirklich ernst meinen mit dem Öffnen der uralten Pforten, und Ihre Aufzeichnungen schicken eine eindeutige bekräftigende Botschaft an die tieferen Schichten Ihres Unbewußten.

Schreiben Sie jedesmal, wenn Sie eine der Übungen praktizieren, auf, wie sie auf Sie gewirkt hat. Was haben Sie erlebt? Welche Gefühle sind hochgekommen? Sie werden merken, daß Sie, wenn Sie über Ihre Erfahrungen Aufzeichnungen führen, mit Erinnerungen an Ereignisse Ihrer Kindheit oder späterer Zeiten belohnt werden, die Ihnen Hinweise auf frühere Leben geben können. Vielleicht scheinen die Erlebnisse Sie anfangs nicht weiterzuführen, und Sie vergessen sie schnell wieder. Doch Sie werden bald merken, daß einige Ihrer Erfahrungen eine wichtige Rolle bei der Erforschung Ihrer früheren Leben spielen werden.

Eine gute Möglichkeit, das unbewußte Gedächtnis anzuregen und die kreativen Pforten zu öffnen, ist durch eine bestimmte Übung, von der ich häufig bei meiner Lehrtätigkeit Gebrauch gemacht habe. Ich gebe zu Beginn des Ausbildungsjahres jedem Schüler eine schriftliche Aufgabe. Diese Aufgabe hat verschiedene Ziele: Erstens regt sie seine Kreativität an. Zweitens trainiert sie den Verstand, befreit von überkommenen Vorstellungen. Und drittens gibt sie mir Einblicke in den Charakter des Schülers. Die Methode ist besonders effektiv für das Freilegen von Erinnerungen aus ferner Vergangenheit – aus diesem und aus vorangegangenen Leben. Fangen Sie Ihr Tagebuch mit einer Geschichte aus Ihrer Vergangenheit an. Denken Sie sich die Geschichte einfach aus. Wählen Sie eine Gegend, von der Sie schon immer fasziniert waren. Überlegen Sie, welche Zeit Sie sich nehmen wollen. Dann verfassen Sie eine fiktive Beschreibung einer Person, die Sie gern gewesen wären. Beantworten Sie in Ihrer Beschreibung folgende Fragen:

1. Waren Sie ein Mann oder eine Frau?
2. Was taten Sie, um Ihren Lebensunterhalt zu verdienen?
3. Welche Art von Kleidung oder Tracht trugen Sie?
4. Wie sah es bei Ihnen zu Hause aus? Welche Möbel hatten Sie?
5. Wie sah bei Ihnen ein normaler Tagesablauf aus?
6. Welche typischen Bräuche gab es in der Gegend? Irgend etwas Außergewöhnliches?
7. Waren Sie verheiratet? Wenn ja, hatten Sie Kinder? Wenn nicht, warum nicht?
8. Welche Art von Gesetzen herrschte zu jener Zeit an jenem Ort?
9. Gab es eine bestimmte Religion, einen vorherrschenden Glauben?
10. Gab es irgendwelche besonderen Feste, religiöse oder weltliche, die Sie beschreiben könnten?

Scheuen Sie sich nicht, kreativ zu sein, und bemühen Sie sich nicht um historische Authentizität. Beschreiben Sie so viele Details wie möglich, besonders die Kleidung, die Sitten und die Lebensumstände. Achten Sie auf besondere Gefühle oder Emotionen, die Sie angesichts der Dinge haben, die Sie beschreiben. Lassen Sie sich Zeit beim Aufschreiben. Entspannen Sie sich, und stellen Sie sicher, daß Sie niemand stört. Achten Sie nicht auf stilvollen Ausdruck, Rechtschreibung oder Grammatik – wichtig ist nur der Fluß Ihrer Gedanken und Beschreibungen!

Es ist auch wichtig, daß Sie sich genau vorstellen, wie es gewesen wäre, zu jener Zeit an jenem Ort zu leben. Benutzen Sie keine Lexika. An diesem Punkt versuchen wir nichts weiter, als uns für die Ebenen des Unterbewußtseins zu öffnen, in denen alle Erinnerungen an alle frühere Leben zu finden sind.

Ich hatte immer einige Schüler, die darüber klagten, daß sie keine Phantasie hätten und sich nicht vorstellen könnten, daß sie schon einmal gelebt hätten. Ich habe sie dann stets gebeten, sich einen Ort auszusuchen, den sie gern einmal aufsuchen würden und an dem sie gern leben würden. Anschließend fragte ich sie dann: »Wie würdest du dort deinen Lebensunterhalt bestreiten?« »Wie stellst du dir die Leute dort vor?« »Wie wird man dich behandeln?« usw. Bedenken Sie immer, daß es nicht darauf ankommt, sich anzustrengen, sondern die Bilder sich ganz natürlich entfalten zu lassen. Sie bekommen keine Note für Ihre Leistung! Es ist nur für Ihre Augen bestimmt, und dient lediglich Ihrem persönlichen Gewahrwerden.

Ein interessantes Phänomen tritt gewöhnlich bei einer Übung wie dieser auf: Während Sie sich mit der Beschreibung befassen, werden Sie das Bewußtsein für die Zeit verlieren. Die Geräusche, die Sie umgeben, werden scheinbar ausgeblendet oder rücken in weite Ferne. Sie werden ganz von der Übung gefangengenommen und trotzdem hellwach sein. Dies ist ein Teil der Funktionen Ihrer rechten Gehirnhälfte, auf die wir ausführlicher eingehen werden. Die rechte Gehirnhälfte hilft uns dabei, unsere normale Wahrnehmung der Zeit zu überbrücken. Man sagt gelegentlich, daß »Minuten wie Stunden« erscheinen und manchmal Stunden »wie im Fluge« vergehen. Durch die Erkundung früherer Leben lernen wir, daß wir nicht von der Zeit abhängig sind, sondern nur von unserer Wahrnehmung der Zeit. Unser Geist ist imstande, die Grenzen von Raum und Zeit zu überwinden.

ÜBUNG:
DAS RAD DES LEBENS

Diese Übung wird Ihnen helfen, die Bedeutung der Vergangenheit und ihre Verbindungen zur Gegenwart sowie die Verbindungen der Gegenwart zur Zukunft zu verstehen. Die Übung kann sogar dazu dienen, die Räder Ihres Lebens in eine neue Richtung in Bewegung zu setzen.

Das Rad des Lebens wird auch das »Rad des Schicksals« genannt. Vielleicht kennen Sie es bereits von der Karte im Tarot. Wie alle Räder steht das Rad des Lebens für eine ganze Reihe unterschiedlichster Energien. Die Tarotkarte und ihre Bildwelt kann Ihnen, wenn Sie über die Symbolik meditieren, den Auf- und Abstieg von Lebensmustern und deren Verbindungen zu Vergangenem verdeutlichen. Das Bild kann Ihnen Tore öffnen zu den Zeiten, in denen es am leichtesten ist, Glück und Berühmtheit zu erlangen und das uralte Wissen auf heutige Verhältnisse anzuwenden. Das Rad des Schicksals ist die Karte der Zeit. Sie lehrt uns die Bedeutung des richtigen Zeitpunktes. Sie zeigt, daß jeder von uns seinen eigenen Rhythmus hat, und lehrt uns, wie wir diesen Rhythmus erkennen und mit den größeren Rhythmen des Universums in Harmonie bringen. Die Energien, die mit dieser Karte verbunden sind, können uns lehren, daß eine Saat nicht aufgehen kann, wenn sie nicht zunächst ausgesät wird, und daß alles, was sich manifestieren will, erst einmal keimen und Wurzeln bilden muß, bevor es seine Form und sein Wachsen in der Welt sichtbar machen kann.

Die Übung mit dieser Tarotkarte kann bewirken, daß man Muster der Vergangenheit zu erkennen beginnt und vermeiden kann, sie in der Zukunft zu wiederholen. Sie eröffnet uns auch Wahlmöglichkeiten, Entscheidungsmöglichkeiten, mit denen wir die Muster für die Zukunft festlegen können.

Dies ist eine Übung, die uns den Fluß und den Ablauf der Zeit vor Augen führt und uns lehrt, mit den Rhythmen des Universums in Einklang zu kommen. Je mehr Sie mit dieser Übung und ihren Bildwelten vertraut werden, desto besser werden Sie das Rad Ihres eigenen Schicksals drehen können, nicht wie bei einem Roulettespiel, sondern als ein Rad, das sich spiralförmig immer höher dreht und immer weniger in Gefahr kommt, in die Irre zu laufen. Diese Übung kann Ihnen auch die Bedeutung und Ursache von Leerlaufphasen in Ihrem Leben vor Augen führen und gleichzeitig kreative Möglichkeiten aufzeigen, wie aus solchen Phasen herauszukommen ist.

Die Tarotkarten, besonders die Große Arkana, sind ein höchst effektives Lehrwerkzeug. In ihren Bildwelten verborgen liegen die Lektionen und Gesetze der physischen und spirituellen Phänomene. Wenn wir mit diesen Karten meditieren, richten wir uns an den Energien aus, welche sie widerspiegeln. Wir setzen sie in unserem Leben in Bewegung. Indem wir lernen, die Bilder in der Meditation und mit innerem Fokus einzusetzen, lockern wir die Beschränkungen unseres Geistes. Jeder schöpferische Mensch, Künstler oder Erfinder, hat in seinem Leben gelernt, dies zu tun. Wir lernen hier, unsere Phantasie auf produktive Weise einzusetzen.

Wenn Sie über das Bild des Lebensrades meditieren, bringen Sie sich in Einklang mit jenen archetypischen Kräften, welche uns die Energien von Rhythmus, Zeit und Entfaltung lehren und sie manifestieren. Das Bild steht in Verbindung mit den archetypischen Kräften von Ruhm und Ehre und deren Auf und Ab in unserem Leben. Ebenso darin enthalten ist die Lehre der Rhythmen und Muster in der Natur und im Leben. Die Karte weckt die Sensibilität für die schöpferischen Energien, die sich in der Vergangenheit entwickelt haben und in der Gegenwart präsent sind – auch wenn sie nicht zum Ausdruck kommen.

1. Wählen Sie eine Zeit, in der Sie ungestört sind. Stellen Sie das Telefon leise, und sorgen Sie dafür, daß Sie nicht unterbrochen werden.
2. Nehmen Sie aus einem Tarot-Kartenset Ihrer Wahl die Karte »Rad des Schicksals« heraus. Schauen Sie sich das Bild an. Vielleicht möchten Sie auch etwas über die spirituelle Bedeutung der Karte nachlesen und über die Entsprechungen, mit denen sie traditionell in Verbindung gebracht wird.
3. Schauen Sie sich die Karte genau an, und behalten Sie sie im Gedächtnis, bis Sie sich das Motiv mit geschlos-

DAS RAD DES SCHICKSALS
(RIDER-WAITE-TAROT)

senen Augen in allen Einzelheiten vorstellen können. – Sie wissen ja, daß alles auf dieser Karte Dargestellte darauf hinzielt, die mir ihr assoziierten archetypischen Energien der Zeit wachzurufen und zu verstärken. Indem Sie sich meditativ auf das Bild konzentrieren, werden diese archetypischen Zeit-Energien in Ihrem Leben mehr und mehr freigesetzt.

4. Führen Sie eine progressive Entspannung durch. (Nehmen Sie sich dazu genügend Zeit. Je entspannter Sie sind, desto offener werden Sie für die tieferen Schichten des Unbewußten.) Konzentrieren Sie sich nacheinander auf jeden einzelnen Bereich Ihres Körpers, und schicken Sie warme, wohltuende Energien dorthin. Lassen Sie Ihre Atemzüge langsam und rhythmisch werden. Atmen Sie durch die Nase ein und zählen dabei bis vier. Halten Sie Ihren Atem, während Sie bis vier zählen, atmen Sie dann durch den Mund aus, und zählen Sie dabei wiederum bis vier.

5. Wenn Sie mögen, legen Sie eine sanfte Musik auf und zünden etwas Räucherwerk an, um Ihre Meditation zu unterstützen. Sehr gut ist eine Kombination aus Salbei und Thymian.

6. Bedenken Sie, daß diese Übung auch geeignet ist, Sie darin zu unterstützen, Ihre schöpferische Phantasie auf produktive Weise einzusetzen. Wie bei allen Dingen sind Geduld und Beständigkeit der Schlüssel zum Erfolg! Lassen Sie sich nicht entmutigen, wenn es nicht gleich sichtbare Ergebnisse gibt. Sie werden kommen. Die Energien der Archetypen, auf die wir uns einstimmen, werden uns auf sehr feine Weise beeinflussen: Sie bringen uns vielleicht ganz gezielt bestimmte Muster in unserem Leben vor Augen, die wir aus früheren Leben in das jetzige übernommen haben. Sie können unsere

Träume beeinflussen, und sie können die Wirkung der anderen in diesem Buch beschriebenen Meditationen, Übungen und Rückführungen verstärken.

7. Nehmen Sie sich am Schluß der Übung Zeit, die Eindrücke und Gefühle in Ihrem Tagebuch früherer Leben aufzuschreiben. Lassen Sie sich genügend Zeit, um über einige der wichtigsten Muster in Ihrem Leben nachzudenken. Lassen sie sich jetzt klarer definieren? Können Sie irgendwelche Muster in Zusammenhang mit Ihrer Familie erkennen? Mit Ihrer Arbeit? Mit den Menschen, die in Ihrem Leben eine Rolle spielen? Bedenken Sie dabei immer, daß Reinkarnationstherapie in erster Linie ein *Prozeß der Selbsterkenntnis* ist. Wenn wir ein Muster in unserem Leben ändern oder verstärken wollen, müssen wir zunächst seine Wurzel erkennen!

8. Diese Übung soll dazu dienen, Ihr Bewußtsein auszudehnen und Ihr Unbewußtes aufzulockern. Nur ein aufgelockertes Unterbewußtsein erlaubt uns, gezielter Zugang zu Informationen aus früheren Leben zu erhalten. Die Übung dient außerdem dazu, Ihre persönliche Wahrnehmung von Zeitmustern in Ihrem Leben zu verstärken. Es empfiehlt sich, diese Übung in Verbindung mit allen anderen Übungen dieses Buches durchzuführen, um diese noch wirksamer zu machen. Führen Sie sie jedoch nicht am *selben* Tag wie eine der anderen Übungen durch – vielmehr ist der optimale Zeitpunkt für diese Übung *ein Tag vor* dem Beginn Ihrer intensiven Arbeit an früheren Leben mit Hilfe der anderen Übungen. Auf diese Weise wird sie zu einer ausgezeichneten Aufwärmübung.

9. Diese Übung wird auch jede andere Erkundung früherer Leben verstärken, die Sie im Lauf des Jahres unternehmen, wenn Sie sie zu wichtigen natürlichen Zeit-

wechseln im Jahreskreis unternehmen: Der Wechsel der
Jahreszeiten und die Haupt-Mondphasen Neu- und
Vollmond sind Zeitpunkte mächtiger Energieeinströ-
mung. Die Übung hilft Ihnen, diese Punkte zu aktivieren, und unterstützt Sie bei der Identifikation größerer
Zeitmuster und Rhythmen, die in Ihrem Leben aktiv
sind. Sie bereitet auch den Boden für den Erfolg einer
bestimmten Lebenserforschung, die Sie innerhalb des
Zyklus (jahreszeitlich oder monatlich) gerade unternehmen. Wenn Sie die Übung mit den Rhythmen der Natur
abstimmen wollen, sollten Sie sie an *drei Tagen hinter-
einander* durchführen – etwa am Tag vor der Sonnen-
wende oder dem Mondphasenwechsel, am Tag selbst
und am Tag danach.

10. Wenn die Übung regelmäßig im Jahreslauf durchgeführt wird, sei es als Aufwärmübung für die weiter-
führende Arbeit an früheren Leben oder einfach als
Möglichkeit, sich in die wechselnden Rhythmen der
Natur einzustimmen, wird sie Ihnen helfen, Verbindungen zu Ihrer Vergangenheit leichter zu erkennen. Selbst
wenn Sie noch nicht alle Details erkennen können, werden Sie doch merken, daß es sich wirklich um eine Verbindung zu einer bestimmten Person, einer Situation
oder inneren Haltung von heute handelt. Dadurch werden Sie imstande sein, auf konstruktivere Weise mit
dem Erkannten umzugehen.

Das Rad des Lebens

Entspannen Sie sich, und stellen Sie sich vor, Sie hören von irgendwoher das leise Schlagen einer Uhr. Die Uhr schlägt zwölfmal. Während die Schläge verklingen, sehen Sie, wie vor Ihnen eine große, alte, hölzerne Tür erscheint. In das Türblatt, geschnitzt und gemalt, ist eine genaue Wiedergabe der Tarotkarte »Rad des Schicksals«. Sie stehen vor der Tür. Sie öffnet sich langsam ... Wunderschönes Licht, purpurn und blau, strahlt heraus und hüllt Sie ein. Sie sind umgeben von kräftigen, tiefen Blau- und Purpurtönen. Das Licht fließt spiralförmig um Sie herum und zieht Sie in das Tor hinein. Wieder hören Sie in der Ferne das leise Schlagen einer Uhr. Sie treten über die Schwelle, und die Tür schließt sich hinter Ihnen.

Sie stehen nun in einem Meer aus blauen und purpurnen Spiralen. Hinter den Spiralen sehen Sie die Sonne auf einen Baum scheinen. Sie schauen den Baum an und sehen, wie sich in seinem Geäst der Wechsel der Jahreszeiten spiegelt ... Die Sonne bewegt sich über den Horizont, und die Zweige beginnen zu knospen. Die Knospen werden Blätter, werden grüner und grüner, bis sie schließlich die bunten Farben des Herbstes annehmen und zu Boden fallen. Es dauert nicht lange, bis die kahlen Äste des Baums vom Schnee bedeckt werden. Nun schmilzt der Schnee wieder, und die ersten Knospen des Frühlings zeigen sich ... Frühling, Sommer, Herbst und Winter. Eine Jahreszeit geht in die nächste über, Jahr für Jahr ... Alle folgen demselben Rhythmus, demselben Zeitmuster. Immer und immer wieder.

Das Bild der Sonne und des Baumes verschwimmt im Nebel der blauen und purpurnen Energiespiralen. An der

Stelle, wo die Sonne war, geht nun der Mond auf. Er wandelt sich vom Neumond zu einem Vollmond und wieder zurück zum Neumond. Jede Phase des Mondes erscheint vor Ihren Augen, immer wieder, bis der Mond sich schließlich in den purpurnen Lichtspiralen verliert.

Der ferne Uhrenschlag wird immer deutlicher. Unter seinem Klang wandelt sich das Bild wiederum, wird deutlicher und deutlicher ... Himmel und Erde erstrahlen in Blau- und Purpurtönen. Es scheint, als hätten Sie einen Ort der Stille und absoluten Leere entdeckt, an dem alles auf der Erde in einem regungslosen Zwischenzustand zu verharren scheint. Über Ihnen stehen nun Sonne und Mond. Die Erde ist bedeckt von einer Vielzahl der verschiedensten Uhren aller Formen und Größen: Standuhren, Kuckucksuhren, Armbanduhren ... Sie hängen in den Bäumen, sind in Stein gefaßt. Die ganze Landschaft ist surreal ...

Sie gehen näher an die Uhren heran. Auf einigen drehen sich die Zeiger im Uhrzeigersinn, und die Minuten verstreichen rasend schnell. Sie stellen sich direkt vor eine dieser Uhren und spüren, wie Sie immer älter werden ... Sie können geradezu merken, wie Ihr Haar wächst und sich Falten in Ihrem Gesicht bilden. Da treten Sie rasch zurück, befühlen Ihr Gesicht und vergewissern sich, daß Sie wieder Ihr normales Alter haben.

Auf anderen Uhren drehen sich die Zeiger entgegen dem Uhrzeigersinn. Sie nähern sich diesen Uhren und spüren, wie Ihre Energie wächst. Sie fühlen sich jünger, stärker, lebendiger. Ihre Haut ist zart, und Ihre Hand ist, wenn Sie sie vor Ihre Augen halten, zart und kindlich. Sie fühlen, wie Sie kleiner und kleiner werden ... Sie werden wieder zum Kind. Da springen Sie zurück, berühren sich und betrachten Ihre Hände, um sich zu vergewissern, daß Sie wieder der sind, der Sie waren.

Einige der Uhren drehen sich schnell im Kreise, halten niemals an. Andere hingegen scheinen sich überhaupt nicht zu bewegen. Sie schauen sich diese Uhren näher an und entdecken auf den Zifferblättern Episoden aus Ihrem Leben ... Einige der Uhren zeigen Zeiten des Lernens, andere reflektieren Beziehungen. Manche zeigen Augenblicke höchster Freude, andere zeigen schwere, sich endlos lang hinziehende Minuten der Sorge. Auf einigen sehen Sie Szenen, die Ihnen seltsam und exotisch und doch merkwürdig bekannt vorkommen. Sie wissen, daß diese Szenen frühere Inkarnationen widerspiegeln.

Auf diesen verschiedenen Uhren werden Strukturen und Rhythmen Ihrer gesamten Lebenszeit sichtbar, nicht nur einer einzigen Inkarnation. Nur wenn Sie alle diese Inkarnationen in Einklang bringen, können Sie wahre Erleuchtung erlangen. Nur wenn Sie lernen, die Zeiger der Zeit synchron zu bewegen, werden sich Ihr Glück und Ihr Schicksal wenden.

Sie beginnen, die Zifferblätter zu berühren, und korrigieren mit den Fingerspitzen die Zeiger mehrerer Uhren, damit sie sich synchron bewegen. Sie führen die Zeiger, verlangsamen einige, beschleunigen andere ... Während Sie dies tun, weht eine frische Brise, umschmeichelt Ihren Körper und läßt Sie eine neue Harmonie verspüren.

Sie schauen sich um. Es gibt so viele Uhren, so viele Rhythmen. Es gibt soviel zu tun ... Dann aber merken Sie, daß Sie, wenn Sie erst lernen, Ihre Rhythmen mit denen des Universums zu harmonisieren, alle Zeit der Welt haben werden.

Während Sie dies erkennen, hören Sie wieder das tiefe Schlagen einer fernen Uhr. Es ist, als würde die große Uhr des Universums Ihre Wahrnehmung öffnen. Sie erheben den Blick zum Himmel und sehen, wie sich Sonne und

Mond übereinanderschieben. Sie sind freudig erregt – es erinnert Sie daran, daß in der Zeit alles möglich ist.

Die Bilder auf den Uhren verblassen, und die blauen und purpurnen Spiralen wirbeln wieder um Sie herum. Sie wenden sich um und sehen, daß die Tür, durch die Sie gekommen sind, wieder offen ist. Sie treten hindurch und sind sich bewußt, daß Ihnen die Zeit immer offensteht. Die Tür schließt sich langsam und fällt sanft ins Schloß, entzieht die Energiespiralen Ihrem Blick. Sie sehen wieder das Bild auf der Tür ... Sie wissen nun, daß dies in Wahrheit nicht das Rad des Schicksals ist, sondern das Rad des Lebens!

Das Bild auf der Tür verblaßt allmählich, löst sich vor Ihren Augen auf. Sie atmen tief, entspannt, und erinnern sich an alles, was Sie erlebt haben. Schreiben Sie nun in Ihrem Tagebuch früherer Leben alles auf.

3
Die Rolle des Karmas
verstehen

Sie sind Energie. Sie sind Energie, die sich in die Gestalt des physischen Körpers kleidet, um zu lernen und zu wachsen. Im Prozeß der Reinkarnation arbeitet Ihre wahre Essenz mit drei wichtigen Prinzipien dieses Wachstums- und Lernprozesses.

Das erste ist das Prinzip der *Evolution*. Ihre Essenz wird unter Bedingungen in die Welt geboren, die Ihnen Gelegenheiten bietet, jene Qualitäten und Eigenschaften zu entwickeln, die Sie am nötigsten brauchen. Diese Gegebenheiten ermöglichen Ihnen immer weitergehende und fortgesetzte Wandlung. Die Rahmenbedingungen für diese Wandlung und dieses Wachstum werden bestimmt durch die genetische Herkunft, durch Zeitpunkt und Umstände der Geburt (astrologisch und terrestrisch) sowie durch die Umweltfaktoren. All diese Einflüsse können Ihnen helfen, das notwendige innere Wachstum zu erzielen. Diese Umweltfaktoren schließen Rasse, Religion, Geschlecht, Familie, Freunde, Bekannte ebenso ein wie andere Zusammenhänge und mögliche Erfahrungen, denen man voraussichtlich begegnen wird.

Das zweite Prinzip ist der *freie Wille*. Wir alle haben die Freiheit, unter verschiedenen Möglichkeiten zu wählen, zu handeln, Entscheidungen zu treffen oder nicht. Wir müssen nicht unbedingt das erfüllen, wozu wir gekommen sind. Manches natürlich können wir nicht mehr verändern, sobald wir eine physische Gestalt angenommen haben. So können wir unsere Rasse, unsere genetische Veranlagung, einige angeborene Probleme und etliches andere nicht ändern. Aus diesem Grund gilt, wenn die Rede vom freien Willen ist, häufig der Grundsatz:»Glücklich ist, wer vergißt, was doch nicht zu ändern ist.« Es gibt einige Aspekte, die eben durch freien Willen nicht zu überwinden sind. Auf der anderen Seite haben wir innerhalb des Rahmens unserer Lebensbedingungen ein breites Spektrum von Wahlmöglichkeiten und einen großen Handlungsspielraum.

Das dritte Prinzip ist der wichtigste und am häufigsten mißverstandene Aspekt der Reinkarnation. Es ist das Prinzip des *Karmas*. Hier wirkt ein Gesetz, das man»Gesetz des Ausgleichs« oder auch»Gesetz des Gleichgewichts« nennt. Auf welche Weise Sie in der Vergangenheit von Ihrem freien Willen Gebrauch gemacht haben, beeinflußt die äußeren Bedingungen Ihres jetzigen Lebens. So erhalten Sie die Lebensbedingungen, die Chancen und die Umwelt, die am förderlichsten sind für Ihr Lernen und Wachen. Sie können also Aspekte Ihres Schicksals durch Ihr Handeln selbst vorherbestimmen, seien dies Gedanken, Gefühle, Worte oder Taten.

Das Prinzip des Karmas ist auf verschiedene Weise zum Ausdruck gebracht worden. In der christlichen Tradition heißt es:»Wie der Mensch sät, so wird er ernten.« In der Physik ist es das Prinzip, daß jede Aktion eine gleichartige, aber entgegengesetzte Reaktion hat. Was Sie von sich geben, bekommen Sie zurück.»Wie man in den Wald hinein ruft, so schallt es heraus.« Für jede Ursache gibt es eine Wirkung und für jede Wirkung eine Ursache.

Karma ist ein Sanskritwort, das soviel heißt wie»tun oder machen«. Es ist Energie in Aktion. *Alles*, was wir tun,

gibt uns die Möglichkeit zu wachsen – daher sollten wir
Karma nicht nur einfach als einen Prozeß von Schuld und
Ausgleich sehen. Häufig wählen wir eine Inkarnation, die
eine eher große Herausforderung, eine Art Test ist für uns,
um spezifische, auf der Ebene der Seele notwendige Lektionen zu lernen. Wenn wir die richtigen Entscheidungen treffen, das Rechte tun, werden sich uns positive und lohnende
Gelegenheiten eröffnen. Sie werden uns nicht unbedingt auf
dem Silbertablett serviert, aber die Türen werden geöffnet.
Wenn wir die falsche Entscheidung treffen oder das Falsche
tun, so wird auch dies seine entsprechenden Folgen haben.

Verantwortlich sein erfordert, daß wir bewußt unsere
Entscheidungen treffen, in dem Wissen, daß diese Entscheidungen bestimmte Folgen haben werden. Wir können wohl
hoffen, daß diese sich für uns günstig entwickeln, aber wir
müssen, wenn wir wirklich verantwortlich sein wollen, gewillt sein, *jegliche* Folgen zu akzeptieren, seien sie gut,
schlecht oder neutral – in dem Wissen, daß wir aus ihnen
lernen werden.

Es ist für viele Menschen nicht unüblich, daß sie alles,
was schiefgeht, »schlechtem Karma« zuschreiben. Gewöhnlich verwechseln sie dabei schlechtes Karma mit
schlechtem Urteilsvermögen. Nicht alles ist eine Folge vergangener Handlungen! Es mag als Folge der Vergangenheit
zwar gewisse äußere Rahmenbedingungen für Umstände
und Gegebenheiten des Lebens geben, doch innerhalb dieses Rahmens entwickeln wir neue Fähigkeiten und Kreativität. Wir begegnen neuen Wachstumschancen. Viele Lektionen bestehen auch einzig darin, daß wir eine Gelegenheit
als solche erkennen und die richtige Entscheidung treffen.

Traditionell unterscheidet man drei Ausdrucksformen
des Karmas im Leben, doch es gibt dazu eine Reihe von
Varianten:

Die erste ist das *Bumerang-Karma*. In einer durch dieses Karma geprägten Situation gilt: Wer jemanden verletzt, wird selbst verletzt werden. Haben wir hingegen jemandem geholfen, so werden wir irgendwann selbst in einer Situation sein, in der ein anderer uns helfen wird. Die zweite ist das *Körper-Karma*. Wenn man jemanden physisch mißhandelt hat, etwa so, daß die betroffene Person ihr Augenlicht verlor, könnte man selbst blind geboren werden. Hat man hingegen einem blinden Menschen geholfen, so kann es sein, daß man mit noch besserer Sehkraft geboren wird. Die dritte ist das *symbolische Karma*. Wenn Sie in einem Leben stets den Sorgen anderer kein Gehör schenkten, kann es sein, daß Sie mit Hörproblemen wiedergeboren werden. Wenn Sie hingegen immer offen waren für andere, so werden Sie möglicherweise mit gesteigerter Intuition und Wahrnehmungsfähigkeit geboren.

Karma heißt lernen, und alles, was Sie tun, gibt Ihnen Gelegenheit dazu – sei es etwas aus der Vergangenheit oder etwas völlig Neues. Dieses karmische Prinzip hat wohl eine ausgleichende Funktion, die jedoch nichts mit Vergeltung zu tun hat. Wenn Sie in einem früheren Leben etwas Falsches getan haben, heißt das nicht, daß man Ihnen notwendigerweise dasselbe in Ihrem gegenwärtigen Leben antun wird. Ein übertriebenes Beispiel dafür ist Mord: Wenn ein Mensch in der Vergangenheit jemanden ermordet hat, heißt das nicht, daß er zurückkehren muß, um ermordet zu werden. Karma ist kein »Auge-um-Auge«-Prozeß.

In dem genannten Beispiel könnte derjenige, der den Mord begangen hat, in eine Lebenssituation wiedergeboren werden, in der er lernen muß, mit seiner Wut und Gewalt auf andere Weise umzugehen. Die Situation könnte darin bestehen, daß der oder die Betreffende jenem anderen zum Hauptbeistand wird – als Elternteil oder Wohltäter beispielsweise. Es könnte ebenso bedeuten, in eine Situation zurückzukehren, in welcher der Mörder in Lebensumstände gerät, die ihm die negativen Aspekte von Zorn und Gewalt zutiefst einprägen. Es könnte ebenfalls bedeuten, daß er oder sie in eine ähnliche Situation zurückkommt, die Gelegenheit gibt, nunmehr die richtige Entscheidung zu treffen. Jeder von uns lernt seine Lektionen auf seine Weise, denn wir befinden uns auf unterschiedlichen Ebenen des Wachstums. Auch die Konsequenzen unterscheiden sich daher von Person zu Person. Im Rahmen einer Lektion kann es viele Varianten geben und viele Lebenssituationen, die die nützlichsten Gelegenheiten zum Lernen bieten. Hat es einen Mißbrauch des freien Willens gegeben, werden sich Umstände ergeben, in denen die Seele lernen kann, den Willen konstruktiv einzusetzen.

Die Seele muß nicht leiden, um sich zu entwickeln. Leiden ist nur gut für die Seele, wenn wir dadurch lernen, wie wir in Zukunft nicht *wieder* zu leiden brauchen. Die Ausübung Ihres freien Willens in Hinblick auf das Karma muß nicht unbedingt mit Schmerzen verbunden sein, um wirksam zu sein. Fortschritt findet immer dann statt, wenn Sie sich in Harmonie mit den Naturgesetzen des Universums bewegen. Wenn Sie diese Harmonie verloren haben und daran arbeiten, sie wiederzufinden, kann der Wandel Streß, Umwälzungen und Störungen verursachen – doch nur bei den alten, unharmonischen Mustern. Indem diese beseitigt werden, stellt sich die ursprüngliche Harmonie wieder ein, und die Gelegenheiten für Erfolg und verdiente Belohnung mehren sich.

Karma ist konstruktiv, weil es dem Leben Führung verleiht. Es strebt nur danach, die Gegebenheiten ins rechte

Lot zu bringen. Es lehrt uns, daß wir uns von unseren Mitmenschen nicht abtrennen können und daß es Bindungen gibt, die Raum und Zeit übersteigen. In der Tradition vieler Indianerstämme Nordamerikas wurden Entscheidungen erst dann gefällt, nachdem die Konsequenzen bis in die siebente Generation untersucht worden waren! Sie wußten um die engen und dichtgeknüpften Verbindungen zwischen allen Menschen und Situationen.

Das Karma wird eine Zeit für den Ausgleich bestimmen, zu der der einzelne den größten Nutzen aus der zu lernenden Lektion ziehen und sie am effizientesten nutzen kann. Der Ausgleich wird an einem Ort stattfinden, wo möglichst viele davon profitieren können. Die dazu gewählten Mittel des Ausgleichs sind unterschiedlich, denn sie sollen dem höchsten Wohle aller dienen. Karma entfaltet sich zu einer Zeit, auf eine Weise und mit Mitteln, die für uns die besten sind – wenn wir dies zulassen. Das heißt nicht, daß wir uns zurücklehnen und nichts tun sollten! Nein, wir sollten schon unsere Entscheidungen treffen, sollten handeln – und dann die Folgen unseres Tuns sich entfalten lassen, damit wir von neuem entscheiden und handeln können.

Karma strebt nicht nach Vergeltung. Sein Ziel ist Lernen und Wachstum. Es führt zu einer Anpassung der Bedingungen, einem Ins-Gleichgewicht-Bringen oder sogar nur zu einer Erkenntnis. Es kann sogar auf der physischen Ebene außer Kraft gesetzt werden, wenn es einen wirklichen emotionalen, mentalen und spirituellen Ausgleich gibt: Selbstkontrolle, harte Arbeit, Liebe und Geduld, Weisheit und Güte sind die Mittel, um jedes karmische Problem zu überwinden. Indem wir lernen, die kreativen Möglichkeiten zu sehen, die in dem uns gegebenen Rahmen vorhanden sind, öffnen wir uns für die positiven Aspekte karmischen Wachstums.

Es ist ebenso leicht, unaufmerksam zu sein für das, was
Karma in Bewegung setzt, wie die Auswirkungen unseres
Karmas zu übersehen. So können wir beispielsweise karmisch mit guter Gesundheit gesegnet sein und es trotzdem
an Dankbarkeit dafür ermangeln lassen. Wir halten unsere
Gesundheit für selbstverständlich, vernachlässigen sie und
machen damit zunichte, was wir bereits erreicht haben. Wir
sollten stets an dem Vorhandenen weiterbauen.

Unsere karmische Verantwortung – unser Lernen – ver-
mehrt sich, wenn wir unser Wachstum, unsere täglichen
Prüfungen und Pflichten selbstverantwortlich in die Hand
nehmen. Als wahre Schüler unseres Karmas können wir das
karmische Lernen stark beschleunigen. Wir nehmen vielleicht die schwierigen Lektionen aus einem ganzen Dutzend
Leben in einem einzigen auf uns. Die Aufgabe ist es, kreativ
genug zu bleiben, um einerseits gute Ergebnisse zu erzielen
und andererseits die Intensität auszuhalten und dabei pro-
duktiv und nützlich für die Menschheit zu bleiben.

Wenn wir uns darauf einlassen wollen, mehr Verantwortung für unsere eigenen Lebenslektionen zu übernehmen,
müssen wir erkennen, daß es für uns viele Arten von Karma,
von Lernmöglichkeiten gibt: Familienkarma, ethnisches
Karma, religiöses Karma, nationales Karma, Weltkarma
und natürlich unser eigenes persönliches Karma – alle spielen sie eine Rolle in unserem Wachstumsprozeß.

Familien- und Geschäftsbeziehungen sind gewöhnlich
am stärksten karmisch. Sie bieten uns die besten Gelegenheiten zum Wachsen. Es gibt noch weitere Lektionen, denen
wir begegnen, je nachdem, welchem Volk, welcher Religion
und welcher Nationalität wir angehören. Aus diesem
Grund werden wir in verschiedenem Geschlecht, verschiedener Rasse, Nationalität usw. wiedergeboren, um unsere
allgemeine Lebenserfahrung abzurunden. So haben z. B. alle

Menschen, die in den Vereinigten Staaten geboren werden, in ihrem Leben Lektionen für den richtigen Umgang mit der Freiheit zu lernen. In diesem Land sehen wir häufig die Extreme von zu großer Freiheit oder zu vielen Beschränkungen. Freiheit in rechter Weise zum Ausdruck zu bringen erfordert Disziplin, und jeder Mensch in den USA arbeitet auf irgendeiner Ebene daran. Das ist Bestandteil des amerikanischen Karmas.

Wir sollten beginnen zu sehen, daß alles und jeder in unserem Leben eine größere Bedeutung hat, als wir uns jemals haben träumen lassen. Die Erforschung früherer Leben kann uns dabei helfen. Wir beginnen, das Spirituelle *hinter* der physischen Erscheinung zu sehen, und unser Leben öffnet sich für neue Ausdrucksformen.

ÜBUNG:
KARMISCHE VERBINDUNGEN SEHEN

Die folgende Geschichte ist dem reichen Fundus alter chassidischer Geschichten über Rabbi Israel entnommen, dem »Baal Shem Tow«. Baal Shem Tow heißt soviel wie »Meister des wundersamen Gedankens«. Es ist eine ausgezeichnete Geschichte, um die Feinheiten karmischer Verbindungen zu verdeutlichen. Über sie nachzudenken und zu meditieren kann Ihnen helfen zu erkennen, daß unsere Verbindungen mit anderen Menschen unseres Lebens ihren Ursprung weit jenseits dessen haben, was wir uns jemals hätten vorstellen können.

Zwei Seelen

Vom Mysterium zweier Seelen, die einst getrennt waren, und wie Rabbi Israel sie zusammenbrachte, als sie auf Erden wiedergeboren wurden.

Der Baal Shem Tow sagt: »Von jedem Menschen steigt ein Licht auf, das geradewegs in den Himmel hinein reicht. Und wenn zwei Seelen einander finden, die füreinander bestimmt sind, fließen ihre Lichtströme zusammen, und ein einzelnes, helleres Licht geht von ihrem vereinten Wesen aus.«

Eine alte Frau begab sich jedes Jahr auf eine Pilgerschaft zu Rabbi Israel, um ihn zu bitten, für sie zu beten, damit sie ein Kind bekäme. Rabbi Israel wußte jedoch, daß sie noch kein Kind gebären sollte, und beschied ihr jedesmal, sie solle wieder nach Hause gehen und warten.

Jahr für Jahr wurde die Frau älter und gebeugter. Dennoch unternahm sie immer regelmäßig ihre Pilgerreise zum Rabbi Israel. Eines Tages jedoch sagte der zu ihr: »Geh nach Hause. Dieses Jahr wird dir ein Kind geschenkt.«

Rabbi Israel sah die alte Frau fünf Jahre lang nicht wieder, und er wußte, daß sie ihr Kind bekommen hatte. Im fünften Jahr sah er sie wieder, mit einem kleinen Kind an ihrer Seite.

Sie sagte dem Rabbi, daß sie das Kind sehr liebe, aber es nicht behalten könne. Sie sagte, daß seine Seele nicht zu ihr passe. Er war ein freundlicher Knabe und gehorsam, aber seine Augen zeigten eine Weisheit, die sie nicht ertragen konnte.

Der Rabbi nahm das Kind und erzog es, und schon bald war der junge Mann der beste Gelehrte weit und breit. Viele reiche Leute kamen zum Rabbi, um eine Hochzeit zu arrangieren, aber der Rabbi weigerte sich. Statt dessen ließ er aus einem entfernten Dorf die dritte Tochter eines armen Bauern herbeiholen.

Diese Tochter war die stillste unter den Töchtern des Bauern. Sie war gut und sanftmütig. Der Bauer willigte in die Hochzeit ein und brachte seine Tochter zum Rabbi Israel. Dort wurden die beiden mit großen Ehren empfangen. Ein Fest wurde ausgerichtet, und der Baal Shem Tow las den Hochzeitsgottesdienst und segnete den neuen Ehemann und seine Frau.

Als die Zeremonie vorüber war und alle zu Tische saßen, erhob sich der Rabbi und sprach: »Ich werde nun eine Geschichte erzählen.« Und jeder der Anwesenden wußte, daß dies keine gewöhnliche Geschichte sein würde.

»Vor langer Zeit« sagte er, »gab es einen König, der darüber klagte, daß er keinen Erben hatte. Nicht einmal die Magier und Weisen waren imstande zu helfen. Da trat einer seiner klügsten Männer hervor und machte dem König folgenden Vorschlag:

›In deinem Lande gibt es viele Juden, und sie haben einen mächtigen Gott. Verbiete ihnen den Gottesdienst, unter Androhung der Todesstrafe – so lange, bis dir ein Sohn geboren ist.‹

Der König tat dies, und Dunkelheit kam über das Land. Viele flohen aus dem Königreich. Andere verehrten heimlich ihren Gott. Andere verbargen ihre Söhne, denn der König hatte befohlen, daß kein Knabe beschnitten werden durfte, bis der königliche Erbe geboren war. Wenn ein Kind beschnitten gefunden wurde, hieben die Soldaten des Königs es mit ihren Schwertern mitten entzwei.

Viele Kinder wurden gemordet, und die Menschen des Landes waren voller Trauer. Die Engel in der Höhe sahen das Elend und erhoben ihre Stimmen in einem Gesang, mit dem sie Gott anflehten, dem König einen Sohn zu senden.

Dann trat eine Seele hervor, die reiner war als alle anderen, eine Seele, die längst von allen irdischen Banden befreit war. Diese Seele bot an, noch einmal das *Gilgul*, die Reinkarnation, auf sich zu nehmen. Sie bot an, das Leid einer neuen Inkarnation zu ertragen, auf daß das Leiden auf Erden enden möge.

Gott stimmte zu. Doch als das Kind geboren war, vergaß der König die Juden. Die Gesetze wurden nicht wieder rückgängig gemacht. Der Prinz wuchs auf und wurde ein wunderschöner, gelehriger junger Mann. Dem Königssohn wurde jeder erdenkliche Luxus zuteil, doch er schien daran keine Freude zu haben. Bereits als Kind erfragte er sich von allen weisen Männern des Königreichs das gesamte Wissen seiner Zeit. Doch der Prinz war unzufrieden.

Der König suchte nach einem Weisen, der seinen Sohn das Glück lehren sollte. Nach vielen Tagen fand er einen alten Mann, der gewillt war, den Prinz zu lehren. Der alte Mann stimmte zu, unter der Bedingung, daß man ihm gestattete, eine Kammer zu haben, in der er eine Stunde lang täglich von niemandem gestört werden durfte. Die billigte ihm der König mit Freuden zu.

Der Prinz war mit seinem neuen Lehrer sehr zufrieden. Gemeinsam erforschten sie neue Tiefen der Weisheit. Eines Tages jedoch folgte der Prinz dem alten Mann in seine Kammer und sah, wie der vor einem Altar stand. Da entdeckte er, daß der alte Mann ein Rabbi war, der seinen Gott verehrte, trotz der Gesetze des Königreichs. Der junge Prinz störte sich nicht daran, denn zu groß war die Weisheit, die er von dem alten Mann noch zu erhalten hoffte. Er bat den Rabbi inständig, ihn weiterhin und noch tiefer zu unterweisen. Nach vielem Bitten stimmte der Rabbi zu, unter der Bedingung, daß dies weit weg vom Königreich in der Ferne geschehen sollte.

Sie gingen fort, und der Prinz nahm über die Jahre an Gelehrtheit stetig zu. Unter den Rabbis wurde er wegen seiner Weisheit gerühmt. Doch noch immer war er unzufrieden, denn er hatte an das innerste Himmelstor geklopft, und es war ihm verschlossen geblieben. Eine Hand hatte ihm den Fleck auf seiner Seele gezeigt.

Schließlich begegnete er eines Tages der Tochter eines Rabbis, und ihre Seele erzitterte. Als der junge Prinz sie anschaute, wußte er, daß sie das Ende seiner Einsamkeit sein würde. Also wurden die zwei vermählt, und die Liebe ihrer Seelen war so wahrhaftig, daß im Augenblick ihrer Vermählung ein einzelnes Licht gen Himmel strömte und die ganze Welt erleuchtete.

Die Seele des Prinzen hatte gelernt, den Körper zu verlassen, um in den Himmel aufzufahren und mit größerer Weisheit zurückzukehren. Nach einem dieser Seelenflüge schaute er auf seine Frau und sprach mit sanfter Stimme: ›In dieser Nacht stieß ich bis in die höchsten Himmel vor. Ich erfuhr, daß meine Seele in Sünde geboren wurde. Ich wurde in Luxus und Unwissenheit großgezogen, während das Volk meines Königreiches litt. Daher kann ich keine Vollkommenheit erlangen. Es gibt nur eines, was ich tun kann: mich einem sofortigen Tode fügen, und anschließend muß meine Seele durch eine reine, aber bescheidene Frau wiedergeboren werden, und die ersten Jahre meines Lebens müssen in Armut verbracht werden. Erst in dieser nächsten Inkarnation wird es mir möglich sein, Vollkommenheit zu erlangen.‹

Die Frau willigte ein, allerdings nur unter der Bedingung, daß sie gemeinsam mit ihm sterben und wiedergeboren werden dürfe, um seine Frau zu werden und wiederum mit ihm vereint zu sein. Dem stimmte er zu.

Sie legten sich zusammen nieder, und ihre Seelen schieden im gleichen Atemzug dahin. Während zeitloser Äonen irrten ihre Seelen in Dunkelheit. Und schließlich kehrte die Seele des Jungen zurück, um als Sohn einer alten Frau geboren zu werden. Und die Seele des Mädchens kehrte zurück, um als dritte Tochter eines armen Bauern geboren zu werden. So waren all die Tage ihrer Kindheit und Jugend eine Suche nach etwas, was sie nicht wußten. Ihre Herzen waren voller Sehnsucht, und ihre Augen blickten voller Hoffnung auf jede neue Seele, bis sie vergaßen, was sie erwarteten.«

Rabbi Israel hielt in seiner Geschichte inne und schaute auf die um die Festtafel versammelten Gäste. »Wisset, meine Freunde, daß diese zwei Seelen einander endlich wiedergefunden haben und heute als Mann und Frau zusammengekommen sind.«

Dann schwieg der Meister, und alle fühlten, wie sie von Freude erfüllt wurden. Der junge Mann und die junge Frau hielten einander bei der Hand, und ihre Augen wurden von einer einzelnen Flamme erleuchtet, die in die Himmel aufstieg.

4
Karmische Verbindungen, Seelenverwandtschaften und Zwillingsseelen

Nichts ist so faszinierend, wie Verbindungen aus früheren Leben zu Menschen unseres jetzigen Lebens aufzudecken. Allgemein gilt, daß Menschen, mit denen wir die stärksten emotionalen Bindungen haben, gewöhnlich auch in einem früheren Leben in irgendeiner Weise mit uns in Verbindung standen. Seelen, die in einer Lebenszeit eng miteinander verbunden waren, begegnen einander häufig auch in anderen Leben. Ihre Rollen mögen sich von Leben zu Leben ändern, aber die Verbindung bleibt. Da wir selbst die Lebensumgebung mit auswählen, in der wir das in einem früheren Leben begonnene Wachstum fortsetzen können, ist es nicht abwegig, anzunehmen, daß wir auch wählen, mit jenen wiedergeboren zu werden, die uns am nächsten sind.

Wenn die Beziehung von Liebe geprägt war, dann wird die Liebe bestehen bleiben und Gelegenheit haben, sich unter den neuen Lebensumständen zu vertiefen. Wenn die Beziehung feindselig war, können Umstände gewählt werden, die Gelegenheit bieten, die Feindseligkeit zu überwinden. Wenn eine Verpflichtung besteht, so wird häufig ein Leben gewählt, das Gelegenheit gibt, diese einzulösen. Bedenken Sie jedoch, daß es immer einen freien Willen gibt und daß nicht alles kontrollierbar ist, wenn wir erst einmal von neuem in die physische Welt geboren sind.

Alle unsere Beziehungen sind karmisch. Sie bieten Gelegenheiten zum Lernen. Welche Form dieses Lernen annimmt, ist unterschiedlich. Im Familienkreis gibt es gewöhnlich eine bestimmte vorherrschende Lektion, die alle Familienmitglieder betrifft. So können beispielsweise alle Mitglieder einer Familie etwas darüber lernen, wie man das, was man will, angemessen zum Ausdruck bringt. Bei einem Familienmitglied beobachten Sie möglicherweise einen Fall von extremer Herrschsucht und Dominanz. In einem anderen Mitglied derselben Familie finden Sie vielleicht jemanden, der zu allem ja und amen sagt; bei einem dritten finden Sie die permanente Weigerung, irgendwelchen Anweisungen oder Anregungen zu folgen – einfach weil sie von jemand anderem kommen –, und bei einem vierten entdecken Sie vielleicht einen Mangel an Selbstbewußtsein oder ein Suchtverhalten. Es gibt viele Variationen und Feinheiten in jeder einzelnen Lektion! Wenn es Ihnen gelingt, die Verhaltensmuster Ihrer Familienangehörigen zu erkennen, dann können Sie sehr viel über die karmischen Lektionen erfahren, die Sie sich durch Ihre Familie zu lernen vorgenommen hatten.

Die Dinge so zu sehen kann auch auf das Geschäftsleben und gesellschaftliche Situationen übertragen werden. Wir dürfen nicht nur auf die emotionale Verbindung schauen: Noch viel wichtiger ist, auch auf die offensichtlichen und weniger offensichtlichen Muster zu achten, die sich in unseren Beziehungen zeigen. Wir sehen häufig, wie ein Kindheitserlebnis Verhaltensmuster für ein ganzes Leben prägt. Das augenfälligste Beispiel ist Kindesmißhandlung oder -mißbrauch, was häufig in einem Leben voller Schwierigkeiten in persönlichen Beziehungen resultiert. Warum sollte es dann nicht möglich sein, daß ein einzelnes ganzes *Leben* die Muster prägt, die sich auch in weiteren Lebensspannen fortsetzen?

Wir werden nie mit Bestimmtheit sagen können, wer jemand in seinem letzten Leben gewesen sein mag, noch warum er oder sie gerade jetzt auf der Erde ist. Doch indem wir sehen, wie wir auf eine Person reagieren oder sie auf uns, können wir uns für einige höchst interessante Möglichkeiten öffnen. Schauen Sie sich einmal die Beziehungen zu den Menschen, die Ihnen am allernächsten sind, genau an. Welche Art von Gefühlen haben Sie oder bringen Sie in dieser Beziehung am häufigsten zum Ausdruck? Die Antwort kann Hinweise auf frühere Lebensbeziehungen geben. Kommen Sie anderen immer zu Hilfe? Vielleicht waren Sie in Ihrem früheren Leben ein Ordnungshüter, ein Polizist. Bemuttern Sie einen bestimmten Menschen stets, selbst wenn er oder sie älter ist als Sie? Vielleicht waren Sie in einem früheren Leben seine Mutter. Albern Sie gern mit einer bestimmten Person herum? Vielleicht waren Sie ein Kindheitsfreund, vielleicht auch Bruder oder Schwester des Betreffenden. Erwarten Sie, daß der andere Sie ständig beschützt und sich um Sie kümmert? Vielleicht war er einer Ihrer Eltern oder ein Vormund. Wenden Sie sich in Geldfragen an einen bestimmten Menschen? Dies könnte ein Hinweis auf eine Geschäftsbeziehung aus früheren Leben sein.

Wir lernen unsere wichtigsten Lektionen durch andere Menschen. Beim Studium des Karmas und früherer Leben gibt es drei Ebenen von Beziehungen.

Die Ebene der karmischen Verbindungen

Hierhin gehören Menschen, mit denen wir in der Vergangenheit vielleicht manch allgemeine Erfahrungen geteilt haben. Diese Erfahrungen können positiv oder negativ gewesen sein. Auch Menschen, die uns von Anfang an vertraut vorkommen oder die uns sofort sympathisch oder unsympathisch sind, können in diese Kategorie fallen. Häufig sind dies nur kurze Begegnungen, die für gewöhnlich nichts weiter zu bedeuten haben. Wir werden mit diesen Menschen vielleicht nur für kurze Zeit in Kontakt kommen, um irgendeinen Aspekt des Gesetzes des Ausgleichs zu erfüllen. Die Schwierigkeit bei diesen Verbindungen liegt darin, sie als das zu erkennen, was sie sind. Es ist nicht unüblich, eine unmittelbare Anziehung und Verbundenheit zu einem Menschen zu spüren. Leider ziehen wir daraus jedoch häufig die falschen Schlüsse. Oft höre ich, daß jemand sagt, er habe einen bestimmten Menschen getroffen und sei sicher, daß dieser sein Seelengefährte sei. Dann, nach einigen Monaten, einigen Jahren, nach einer schwierigen Ehe und einer stürmischen Scheidung, sollte man denjenigen besser nicht an die Äußerung von damals, an die »Seelenverwandtschaft« erinnern. Leider tappen eben diese Menschen anschließend oft wieder in dieselbe Falle ... Ein Verhaltensmuster bildet sich. Auf der Suche nach seinem Seelengefährten gerät der Betreffende in einen Kreislauf karmischer Verbindungen. Die Gesichter mögen sich ändern, das Muster aber bleibt das gleiche.

Vielleicht fragen Sie sich: »Warum treffe ich bloß immer wieder diese Art von Leuten?« und »Warum gerate ich nur immer wieder in dieselbe Art von Situationen?« Wenn wir das Muster nicht erkennen, können wir es auch nicht ändern. Solche Muster können sich ein Leben lang fortsetzen oder auch von einem Leben in ein nächstes hinein. Reinkarnationstherapie hilft uns, unsere Muster zu sehen. Sie hilft diese Muster in ein Szenario zu rücken, in dem wir sie aus einer objektiveren Perspektive betrachten können. Wir können erkennen, wie wir normalerweise auf diese Art Situationen reagieren, und lernen, jene unguten Verhaltensmuster zu vermeiden.

Eine lange Verlobungszeit hatte teilweise die Funktion, sicherzustellen, daß die Beziehung mehr war als nur eine rasch vorübergehende karmische Verbindung. Sie ermöglichte es der Energie zweier Menschen, sich entweder auf einer stärkeren, tieferen Ebene zu entwickeln oder sich auf natürliche Weise aufzulösen. Viele Scheidungen könnten vermieden werden, wenn man sich mehr Zeit ließe, um die Verträglichkeit auf mehr als nur ein paar Ebenen zu begründen.

Die Seelenpartner-Verbindung

Dies ist eine Verbindung, in der zwei Seelen auf den meisten Ebenen außergewöhnlich gut zueinander passen – emotional, mental und spirituell. Sie haben viele gemeinsame Interessen. Sie sind häufig zuerst gute Freunde, bevor sie ein Paar werden. Seelenpartner sind Menschen, die gemeinsam in eine Inkarnation gekommen sind und schon viele positive, lange Beziehungen miteinander hatten.

Wir können mehr als einen Seelenpartner oder Seelengefährten haben. Wenn man bedenkt, wie viele Leben wir wohl schon durchlebt haben, ist es sicher nicht unvernünftig, anzunehmen, daß wir auch mehrere Seelenpartner haben. Es kann eine ganze Reihe von Menschen geben, mit denen wir zu verschiedenen Zeiten lange, positive Erfahrungen hatten. Seelenpartner können vom gleichen oder vom entgegengesetzten Geschlecht sein. Sie können Freunde sein, Familienmitglieder oder Lebensgefährten. Seelenpartner sind Menschen, mit denen wir eine lange Verbundenheit haben. Dies muß keine durchgängige Beziehung sein, doch gewöhnlich ist sie sehr dauerhaft. Vielleicht taucht die Person im Laufe unserer Leben über einen langen Zeitraum hinweg immer wieder auf. Und immer wenn sie es tut, ist es wunderbar und erfüllt uns mit Staunen und einem Gefühl der Erneuerung. Wir freuen uns über jede gemeinsame Zeit – ganz gleich, wie kurz sie sein mag. Ein Seelenpartner berührt unser Leben auf positive Weise und wir das seine.

Wie bei karmischen Verbindungen kann die Sympathie schlagartig da sein, obwohl nicht immer leidenschaftlich. Es ist nicht immer leicht, eine karmische Beziehung von einer Seelenpartnerschaft zu unterscheiden. Die Zeit und das Maß der Verträglichkeit auf allen Ebenen sind dabei zwei Faktoren, die eine Rolle spielen. Fragen Sie sich selbst: »Bin ich im Leben dieser Person ebenso wichtig und auf allen Ebenen unabdingbar wie sie für meines?«

Es gibt Unterschiede, weil Sie beide einzigartige und individuelle Seelen sind, doch es wird in Hinblick auf Ihre Ziele und Bestrebungen eine gemeinsame Grundlage geben. Seelengefährten verbindet eine Freundschaft, die die Zeit überdauert und sich in allen Lebenslagen bewährt. Bei Paaren kommt oft die Freundschaft zuerst, bevor sie zu Liebenden werden. Es gibt stets ein Band bedingungsloser Liebe und Unterstützung, und jeder denkt zuerst an die Bedürfnisse des anderen, dann erst an sich selbst. Sie stärken sich gegenseitig im Leben und schenken einander neue Dimensionen der Liebe und tiefen Freude.

Die Zwillingsseelen-Verbindung

Es gibt häufig in spirituellen und metaphysischen Kreisen Diskussionen und Unklarheit über die Idee der Zwillingsseele. Eine häufig vertretene Theorie ist, daß die Zwillingsseele unsere ideale andere Hälfte ist. An irgendeinem Punkt hat sich die Seele in zwei Teile geteilt, und jede der beiden Hälften entwickelt sich allein weiter. Dann, irgendwann, treffen sich die beiden Hälften im Physischen wieder, mit dem ausdrücklichen Ziel, eine konkrete, große Aufgabe zu bewältigen. Dies ist eine allgemein anerkannte Theorie, die auch durch Channeling bestätigt wurde und inzwischen sehr populär geworden ist. Es ist jedoch keine Theorie, die einer genaueren Betrachtung und spirituellen Verifizierung standhält.

Wenn sich eine Seele in zwei Hälften teilt, die sich dann getrennt weiterentwickeln, sind sie an diesem Punkt dann nicht zwei völlig unabhängige Seelen? Ist dies nicht ein Prozeß, der einer Teilung einer Eizelle im Mutterleib vergleichbar ist? Das Ergebnis in diesem Fall sind Zwillinge, doch ist jeder der beiden Zwillinge eine einzigartige und individuelle Seele.

Diese Theorie beinhaltet überdies, daß wir uns nur in einem bestimmten Geschlecht reinkarnieren – was der Idee widerspricht, daß die Reinkarnation dazu dient, uns alle Aspekte des Evolutionsprozesses zu lehren. Es gibt Lektionen, die wir nur lernen können, wenn wir in einem bestimmten Geschlecht, einem bestimmten Volk usw. wiedergeboren werden. Die Theorie der Zwillingsseele würde jedoch bedeuten, daß wir nur an dem halben Lernprozeß teilnehmen.

Die Idee der Zwillingsseele ist kein Konzept, das in der Vergangenheit von spirituellen Meistern gelehrt wurde.

Wohl lehrten die meisten von ihnen Reinkarnation und karmische Verbindungen, doch sie lehrten ebenfalls, daß die Suche nach dem Spirituellen sich auf nichts weiteres erstreckt als auf dich selbst. »Erkenne dich selbst!« war das vorherrschende Gebot. Sie lehrten, daß wir alle eine Kombination männlicher und weiblicher Energien sind. Beide in jeder einzelnen Inkarnation zu harmonisieren ist der Schlüssel zu wahrer Balance und Spiritualität.

In der äußeren Welt nach der idealen anderen Hälfte zu suchen, die gleich denkt, fühlt, glaubt und jeden unserer intimsten Gedanken versteht, führt zu großer Unzufriedenheit. Niemand wird solche Anforderungen erfüllen, und das Beharren auf diesem Ideal ist eine schlechte Entschuldigung dafür, sich auf Menschen oder Situationen nicht einzulassen. Ihre ideale andere Hälfte lebt in Ihnen selbst. Es ist das weibliche oder männliche innere Ideal für Ihr äußeres Ich. Wenn Sie lernen, die mit beiden Teilen Ihres Wesens verbundenen Aspekte zu achten und zu schätzen, geschieht Erleuchtung. Wenn Sie lernen, das Männliche und das Weibliche in Ihrem Innern zusammenzubringen, wird Ihr inneres heiliges Kind geboren. Ein neues Leben und ein neuer Wachstumszyklus eröffnet sich Ihnen.

Wir alle haben eine ungefähre Vorstellung, wie unser männliches oder weibliches Ideal beschaffen wäre. Menschen, zu denen wir uns hingezogen fühlen, weisen häufig Aspekte oder Eigenschaften dieses Ideals auf. Wir sehen in ihnen die äußere Spiegelung des Teils in unserem Inneren, den wir zum Leben erwecken müssen. Menschen, die unsere Seelenpartner sind, reflektieren ein großes Maß dieses inneren Ideals, ebenso wie wir für sie. Sie kommen diesem Ideal so nahe, wie dies eine andere Person überhaupt kann. Sie erinnern uns an das, was die Spiritualität für uns bereithält ...

IN UNS

Unsere Zwillingsseele ist nur in uns selbst zu finden. Sie ist jener innere Teil von uns, der mit unseren äußeren Aspekten in Einklang gebracht werden muß. Je mehr unser Inneres und unser Äußeres in Harmonie miteinander kommen, desto besser können wir die Magie und die Wunder des Lebens genießen.

Wir alle bestehen aus einer Kombination männlicher und weiblicher Energien. Als Mann lebt in Ihnen eine ideale weibliche andere Hälfte. Als Frau gibt es in Ihnen einen idealen männlichen Aspekt. Wenn wir beide Aspekte in Harmonie miteinander bringen, erschaffen wir neues Leben für uns und für alle, die mit uns in Berührung kommen.

Wie wir mit unseren Beziehungen umgehen, läßt auf unser inneres Wachstum schließen – oder auf fehlendes Wachstum. Es gehört zu unserer Aufgabe, zu lernen, wie wir unser Leben in Ordnung bringen. Manchmal erfordert dies, daß wir es uns aus einer vollkommen anderen Perspektive anschauen. Unsere karmischen Verbindungen zu anderen Menschen sind sehr fein gewoben, und wir können sie nicht auf bestimmte Muster festlegen. Doch alles und jeder, der uns im Leben begegnet, kann eine Gelegenheit zu persönlicher Erkenntnis und Transzendenz sein. Durch das Kennenlernen der Vergangenheit können wir unsere Gegenwart verstehen und unserer Zukunft eine andere Gestalt verleihen.

Übung:
Die Öffnung der Galerie
Ihrer früheren Leben

Die folgende Meditation ist ein dynamischer Weg, um Sie einige der Verbindungen zu anderen Menschen erkennen zu lassen, welche aus früheren Leben stammen und in Ihrem jetzigen Leben aktiv sind. Es ist eine Übung, die Sie regelmäßig wiederholen und variieren können, um verschiedene Aspekte Ihrer Vergangenheit zu erforschen.

Sie können die Wirkung dieser Übung noch verstärken, indem Sie von den Meditationshilfen Gebrauch machen, die im nächsten Kapitel beschrieben werden: Weihrauch, Kerzen, Düfte usw. Wichtig dabei ist, daß Sie die Szenen in Ihrer Vorstellung so lebendig wie möglich werden lassen.

Viele Menschen haben Angst, daß das, was sie sehen, nur ein Trugbild ihrer Phantasie sein könnte und keine reale Erfahrung. Sie dürfen jedoch nicht Imagination mit Irrealem verwechseln – sie sind zumeist grundverschieden. Wir könnten uns etwas gar nicht vorstellen, wenn es dafür keine Basis oder Verbindung in der Realität gäbe.

In dieser Übung können Sie vielleicht tatsächlich das frühere Leben sehen, oder Sie bekommen wenigstens ein Gefühl oder einen Eindruck. Das eine ist nicht besser oder schlechter als das andere. Was auch immer Sie erfahren, es wird intensiver, wenn Sie dranbleiben. Jedesmal wenn Sie die Übung wieder durchführen, werden Sie dynamischere Ergebnisse erzielen. Wenn Sie Schwierigkeiten haben, sich die Szenen vorzustellen, fragen Sie sich einfach:»Wenn dies oder das da wäre, wie sähe es dann aus?« Trauen Sie dann Ihren Eindrücken!

Vergessen Sie nicht, daß wir hier Türen öffnen, die seit langem verschlossen waren. Vielleicht erfordert es ein wenig Geduld und Hartnäckigkeit, aber irgendwann werden sie sich öffnen. Lassen Sie sich nicht entmutigen. Ich habe noch niemanden getroffen, der mit dieser speziellen Meditation zu früheren Leben nicht spätestens beim dritten Mal Erfolg gehabt hätte.

1. Stellen Sie sicher, daß Sie nicht gestört werden. Stellen Sie das Telefon leise, und lassen Sie Ihre Mitbewohner wissen, daß sie nicht gestört werden möchten. Sie können diese Übung im Sitzen oder im Liegen durchführen.
2. Verwenden Sie eine der Räucherwerk- oder Duftarten, die in Kapitel 5 beschrieben sind, um die Atmosphäre bereiten zu helfen. Vielleicht möchten Sie im Hintergrund eine leise Musik auflegen, die jedoch nicht ablenken sollte.

3. Atmen Sie eine Weile rhythmisch. Atmen Sie langsam durch die Nase ein, und zählen Sie dabei bis vier. Halten Sie Ihren Atem während Sie bis vier zählen, und atmen Sie dann, wieder bis vier zählend, aus. Lassen Sie Ihren Atem langsam und regelmäßig ein- und ausströmen. Tun Sie dies mehrere Minuten lang. Es lindert Verspannungen und hilft Ihnen, Ihre Gedanken von äußeren Aktivitäten und dem gewöhnlichen Fokus abzuziehen und auf einen Zustand zu richten, in dem die innere Welt leichter erfahrbar wird.

4. Lesen Sie nun die Übung noch einmal durch. Merken Sie sich die wesentlichen Punkte. Sie müssen die Anweisungen nicht wortwörtlich befolgen. Scheuen Sie sich nicht, die Übung so zu variieren, wie es Ihnen am besten paßt. Machen Sie sich nichts daraus, wenn Sie in der Meditation etwas anderes erleben als das, was hier beschrieben ist – es ist eben *Ihr* Geist, der auf die für Sie beste Weise reagiert! Wenn Sie möchten, nehmen Sie zuvor die Meditation auf Tonband auf, und spielen Sie sie, nachdem Sie die Vorbereitungen getroffen haben, ab.

5. Führen Sie nun eine progressive Entspannung durch. Beginnen Sie bei den Füßen. Konzentrieren Sie sich auf Ihre Füße. Senden Sie in Gedanken warme und entspannende Gefühle zu Ihren Füßen ... Gehen Sie dann aufwärts durch Ihren Körper, und konzentrieren Sie sich dabei auf jeden einzelnen Körperteil, mit dem Empfinden von Wärme und Entspannung. Lassen Sie sich Zeit. Je länger Sie sich dafür Zeit nehmen, desto entspannter werden Sie sein, und desto besser werden die Ergebnisse sein, die Sie von der Übung erhalten. Wenn Sie mit dem Scheitelbereich des Kopfes abschließen, sollten Sie sich bereits sehr entspannt fühlen. Ihre Arme und Beine sollten sich schwer anfühlen und Sie selbst ein wenig »abgehoben«.

6. An diesem Punkt halten Sie Ihre Augen geschlossen, um jede visuelle Ablenkung zu vermeiden und das Szenario der Meditation in Ihrem Geist entstehen zu lassen.

7. Achten Sie während der auf die Meditation folgenden Nächte auf Ihre Träume. (Dies gilt ebenso für die anderen Meditationen in diesem Buch.) Jedesmal, wenn Sie einen starken Kontakt zu Ihrem Unbewußten haben, wird sich dies auf Ihr Traumleben auswirken. Das heißt nicht unbedingt, daß Sie von früheren Leben träumen werden, obwohl dies bei manchen Leuten so ist. Achten Sie statt dessen eher auf den emotionalen Gehalt Ihrer Träume, und finden Sie heraus, mit welchen Personen Ihres Traumszenarios diese Emotionen in Verbindung stehen. Dies kann nämlich häufig ein Hinweis sein auf die Emotionen und Themen, die Sie sich in bezug auf diese Menschen im gegenwärtigen Leben aufarbeiten wollten. (Wenn Sie diese Meditation vor dem Schlafengehen durchführen, kann dies die Wirkung auf Ihre Träume noch verstärken und Ihnen zusätzliche Einblicke geben.)

8. Vielleicht möchten Sie zur Einleitung dieser Meditation die »Rad des Lebens«-Übung (Seite 35) durchführen. Es empfiehlt sich, dies dann einen Tag vor dem Beginn der eigentlichen Meditationsserie zu tun. Diese Übung ist der Schlüssel zu einer Erforschung früherer Leben, wie sie in diesem Buch beschrieben wird. Sie regt die schöpferische Phantasie an und öffnet das Unbewußte. Bereits ein minimaler Erfolg mit dieser Übung wird all die anderen Techniken erleichtern, ganz gleich, ob sie einzeln oder in Verbindung mit ihr angewandt werden.

Wenn es Ihnen mit der Erforschung früherer Leben wirklich ernst ist, wird »Die Öffnung der Galerie« Ergebnisse bringen. Führen Sie die Übung zu Beginn sieben Tage

lang in Folge durch. Die meisten Menschen haben
schon innerhalb dieser Woche Erfolg. Dann fahren Sie
mit der Übung einen Monat lang ein- oder zweimal pro
Woche fort. Mir ist bisher noch niemand begegnet, der
nicht innerhalb dieses Zeitraums irgendwelche Informationen aus früheren Leben erhalten hätte. Anschließend machen Sie einfach regelmäßig mit der Übung
weiter, und kombinieren Sie sie mit den anderen Techniken.

9. Sobald Sie die »Galerie Ihres Lebens« geöffnet haben,
   werden Ihnen die anderen Übungen spezifischer Erforschungen früherer Leben, die in diesem Buch vorgestellt
   werden, viel leichter fallen. Daher ist es wichtig, daß Sie
   die Meditation zu Anfang eine Woche lang täglich und
   anschließend über mindestens einen Monat mehrmals
   pro Woche durchführen. Die Meditation ist besonders
   effektiv bei Vollmond. Wenn Sie sich entschließen, Ihre
   Erforschungen früherer Leben über ein ganzes Jahr auszudehnen, kann es nützlich sein, diese Übung das Jahr
   über immer zur Zeit des Vollmondes durchzuführen,
   um die Türen zu Ihrer inneren Galerie ständig geöffnet
   zu halten.

10. Diese Meditation kann auch als Vorübung eingesetzt
    werden, um die Wirkung der anderen Techniken zur
    Erforschung früherer Leben zu verstärken, besonders
    die Therapieformen, die im Zusammenhang mit dem
    Baum des Lebens stehen (Kapitel 6).

Galerie des Lebens

Sie sehen sich selbst auf der obersten Stufe einer langen, goldenen Wendeltreppe. Die Treppe windet sich in sanften Spiralen hinunter und verliert sich im Nebel. Sie haben keine Angst, nein, Sie fühlen eine Art freudige Erwartung auf das, was Sie entdecken werden.

Sie beginnen hinabzusteigen. Mit jedem Schritt merken Sie, wie Sie sich mehr und mehr entspannen. Sie steigen tiefer und tiefer hinab. Sanft. Vorsichtig. Es fühlt sich gut an, die Stufen hinabzugehen ... Tiefer und tiefer geht es, immer weiter abwärts. Mit jedem Schritt entspannen Sie sich noch weiter. Sie hatten schon vergessen, wie gut es sich anfühlt, so entspannt zu sein.

Je weiter Sie hinabsteigen, desto leichter scheinen Sie zu werden. Es ist, als würden Sie kaum den Boden berühren. Immer leichter und sanfter, je weiter Sie die Treppe hinuntergehen ... Schon bald sind Sie vollkommen eingehüllt von dem Nebel, aber es macht Ihnen nichts aus. Es ist so wunderschön und wohltuend. So leicht und locker haben Sie sich schon lange nicht mehr gefühlt.

Sie werden so entspannt und so leicht, daß Sie förmlich die Treppe hinabschweben. Sie fühlen sich wie eine sanfte Wolke, die vom Himmel herabschwebt. Unten sehen Sie die letzten Stufen der Treppe. Der Nebel lichtet sich, und ganz sanft berühren Ihre Füße den Boden. Sie sind entspannt und voll Frieden.

Sie sehen, daß Sie sich in der Mitte eines runden Raumes befinden. Auf der anderen Seite des Raumes befindet sich eine große Eichentür. Sie fühlen sich zu ihr hingezogen. Als Sie nähertreten, sehen Sie, daß Ihr Name mitten in das Türblatt eingraviert ist. Unter Ihrem Namen steht ein weiterer

Schriftzug, aber in einer Sprache, die Ihnen fremd ist. Sie strecken sanft die Hand aus und fahren die Buchstaben mit den Fingern nach. Während Sie dies tun, spüren Sie, daß dies *Ihr* Name ist, wie beim vorigen Mal, als Sie hier waren.

Sie ziehen Ihre Hand zurück, die Tür öffnet sich, und blaues und goldenes Licht strömt heraus. Das Licht umfließt Sie. Es geht durch Sie hindurch. Es umhüllt und umfängt Sie. Es lädt Sie ein, über die Schwelle zu treten. Sie schließen die Augen und fühlen die Freude, die von dem Licht ausgeht.

Sie öffnen die Augen wieder und treten ganz vorsichtig durch die geöffnete Tür, über die Schwelle. Sobald Sie eingetreten sind, schließt sich die Tür sanft hinter Ihnen. Das blaue und goldene Licht wird allmählich immer schwächer, und Sie stehen in einem Raum, der aussieht wie ein alter Lagerraum einer Kunstgalerie.

Sie sind von Kunstwerken aus allen Teilen der Welt umgeben: Skulpturen, Gemälden, Kleidungsstücken. Es gibt Bücher, Waffen, Schnitzereien und Töpfereien. Alle Zeiten unserer Kultur scheinen vertreten zu sein. Sie erkennen manche Epochen und Kunstgegenstände wieder, andere aber wirken fremdartig und verwirrend. Viele sind mit Spinnweben und Staub bedeckt, aber Sie sehen, daß alle Gegenstände noch gut erhalten sind.

Der Raum ist in mehrere Nischen und Abschnitte unterteilt. Jeder Bereich zeigt eine bestimmte Zeit an einem bestimmten Ort in der Geschichte der Welt – aber nein, nicht der *Welt*! Mit einem Schlage wird Ihnen, als Sie sich der Nische vor Ihnen nähern, klar: Dort liegen ja Kleidungsstücke, die Sie aus Ihrer Kindheit erkennen! Und da liegt Ihr Lieblingsspielzeug! Dies ist keine Galerie der ganzen Welt, sondern eine Galerie Ihres *eigenen Lebens*. Diese Gegenstände sind Spuren Ihrer Vergangenheit, die dazu beigetragen haben, daß Sie zu der Person geworden sind, die Sie jetzt sind!

Nachdem Sie dies erkannt haben, verdunkelt sich die Galerie, bis auf eine einzige Stelle, die noch erleuchtet ist: ein kleiner Bereich zu Ihrer Linken. Dort steht eine Art Raumteiler, eine freistehende Wand, hell beleuchtet. Sie nähern sich der Wand und fragen sich, was Sie dort wohl über sich herausfinden mögen.

Sie gehen um die Wand herum und entdecken, daß auf der Vorderseite ein lebensgroßes Porträt in einem großen vergoldeten Rahmen hängt. Es ist nicht erkennbar, wer dort porträtiert ist, doch irgendwie wissen Sie, wenn es deutlicher wäre, daß es sich um ein Bild von Ihnen handelt. Und dann hören Sie aus Ihrem Inneren eine sanfte, klare Stimme:

»Dies ist die Galerie deines Lebens. Hier befindet sich alles von den Personen und Gegenständen deiner vergangenen Leben. Alles, was du brauchen wirst, um die Rhythmen der Vergangenheit, wie sie in die Gegenwart hineinspielen, zu entdecken. Du hast die Wahl: Entweder du schaust hin, oder du schaust nicht hin, ganz wie du willst.«

Die Stimme verstummt, und Sie schauen sich das Porträt an. Das Bild schillert, und eine sanfte Brise streicht über Sie und das Bild. Da wird das Bild ganz deutlich und klar. Schauen Sie es sich genau an. Fühlen Sie es und spüren Sie, wie wirklich es ist.

Betrachten Sie das Porträt eine Weile. Achten Sie auf die Kleidung, die Farben, darauf, ob es sich um eine Frau oder einen Mann handelt. Sie schauen auf das Bild und merken, daß Sie etwas über diese Person wissen. Sie wissen, ob sie reich war oder arm. Sie wissen, welchen Beruf sie ausgeübt hat. Sie wissen, ob die Person glücklich war oder unglücklich. Das Gesicht enthüllt Ihnen ein Wissen, das Sie schon längst vergessen hatten.

Sie schauen auf die rechte untere Ecke des Bildes. Auf dem Rahmen ist eine kleine Messingplatte befestigt. Darin eingraviert ist ein Datum. Sie strecken die Hand aus und fahren mit dem Finger das Datum nach, ertasten jede einzelne Zahl. Sie schauen nun auf die linke untere Ecke und finden dort eine zweite Messingplatte. Dort eingraviert ist der Name eines Ortes. Vielleicht ist es eine Stadt, ein kleiner Ort oder aber ein Land. Strecken Sie die Hand aus, und ertasten Sie das Schild mit Ihrem Finger.

Sie heben den Blick und schauen in das Gesicht auf dem Porträt. Im Hintergrund sehen Sie, wie die Bilder von zwei weiteren Personen immer deutlicher werden ... die eine ist ein Mann, die andere eine Frau. Sie schauen in ihre Gesichter und wissen, in welcher Beziehung die beiden zu Ihnen in jenem Leben standen – ob sie Freunde waren, Geliebte oder Familienangehörige. Sie schauen sich ihre Gesichter genau an, und dabei erinnern Sie sich an die Gefühle, die Sie mit diesen Personen verbanden. Nehmen Sie sich ein paar Augenblicke, und lassen Sie die Bilder noch deutlicher werden ...

Sie erkennen, wer diese Gestalten aus Ihrer Vergangenheit sind, und da verschwimmen ihre Gesichter ... werden erst undeutlich und dann allmählich wieder, klarer. Aber irgend etwas an ihnen ist jetzt anders. Diesmal sehen Sie, während die Gesichter deutlicher und deutlicher werden, daß es sich um Personen aus Ihrem gegenwärtigen Leben handelt. Die Gesichter stehen nun deutlich von Ihren Augen, und Sie beginnen, besser zu verstehen, was Sie mit diesen Menschen jetzt verbindet. Sehen Sie es. Fühlen Sie es. Und spüren Sie, wie real es ist.

Dann verschwimmen die Gesichter ... Das einzige auf

dem Bild, was übrigbleibt, ist Ihr eigenes Gesicht. Sie schauen sich Ihr Porträt an, und Ihre Augen scheinen lebendig zu werden, Sie einzuhüllen. Und dann erscheint ein Wort oder ein Satz über dem Kopf. Dies ist es, was Ihr früheres Leben Ihnen für das jetzige Leben mit auf den Weg gegeben hat. Sehen Sie, wie sich das Wort, der Satz bildet und deutlich in dem Bild zu sehen ist.

Während Sie sich nun anschauen, was da steht, verstehen Sie sich etwas besser. Und dann, ohne Vorwarnung, verschwindet das Porträt, bis nur noch ein leerer Bilderrahmen dort an der Wand hängt.

Sie seufzen. Es gibt so vieles, was Sie noch nicht verstehen. Es gibt noch soviel zu lernen und herauszufinden. Sie treten einen Schritt zurück und merken, daß die gesamte Galerie erleuchtet ist. Sie scheint sich bis ins Unendliche auszudehnen. Soviel zu lernen, vieles zu erinnern ...

Sie gehen zur Tür. Dort bleiben Sie einen Moment stehen und hören noch einmal die Stimme:

»Dies ist *deine* Galerie. Die Tür dorthin ist dir niemals verschlossen. Du kannst das, was du heute gesehen hast, jederzeit weiter erkunden oder nach Belieben auch jedes andere Leben. Wenn du dich an die Lektionen der Vergangenheit erinnerst, wirst du imstande sein, deiner Zukunft ein neues Gesicht zu geben.«

Die Tür öffnet sich langsam, und das goldene und blaue Licht umkreist Sie. Es hüllt Sie ein und durchstrahlt Sie, während Sie wieder über die Schwelle treten. Die Tür schließt sich hinter Ihnen, aber Sie wissen, daß sie nie wieder wirklich verschlossen sein wird. Sie berühren sanft noch einmal die Gravur Ihres Namens und gehen dann zur Treppe zurück.

Sie sind entspannt, erfüllt von Frieden und einem neuen Gefühl des Staunens. Mit leichten Schritten steigen Sie die

Treppe wieder hinauf, durch den Nebel, und nehmen Ihre neuentdeckte Erkenntnis mit. Sie werden sich nie wieder so sehen wie zuvor – sich selbst nicht und auch die beiden anderen, die in dem Porträt erschienen. Und Sie sind freudig gespannt auf das, was da noch kommen mag.

5
Meditation
zu früheren Leben –
Theorie und Praxis

Über Meditation und die verschiedenen Meditationstechniken ist viel geschrieben worden. Es gibt wahrscheinlich ebenso viele Methoden der Meditation wie es Menschen gibt. Entscheidend ist nur, daß Sie herausfinden, welche Methode oder Kombination von Methoden für *Sie* am besten funktioniert! Bei der Erforschung früherer Leben bieten sich bestimmte Arten von Meditation an, weil sie den Zugang zu diesen in tieferen Schichten des Geistes gespeicherten Informationen besonders erleichtern.

Wenn Sie die Augen schließen und Ihre Sinne von der Sie umgebenden Welt abziehen, treten Sie ein in eine völlig neue Dimension Ihres Lebens. Diese Ebene ist flüchtiger und fließender als die physische Welt, aber sie ist ebenso real. Sie kann unser Leben auf eine Weise berühren und bereichern, die wir erst jetzt zu verstehen beginnen. Es ist eine Welt, in der Sie träumen, über die Zukunft nachsinnen, die Mysterien, von denen Sie umgeben sind, enträtseln oder sogar Ihre früheren Leben wiederentdecken können.

Meditation ist keineswegs schwierig – das *Sehen* ist das eigentliche Problem. Indem Sie lernen, Ihr Gewahrsein, die Art und Weise, wie Sie die Welt wahrnehmen, ein wenig in eine andere Richtung zu lenken, werden Sie einen anderen Bewußtseinszustand erreichen. Jeder von uns hat in seinem

Leben solche veränderten Bewußtseinszustände erfahren;
das Träumen ist nur ein Beispiel. Auch das Lesen eines
Buches kann uns in eine andere Welt transportieren. Jog-
ging, Handarbeiten, lange Autofahrten oder das Hören von
Musik – all dies sind Aktivitäten, die ein verändertes Bewußtsein bewirken können. Durch Meditation lernen wir,
unser Bewußtsein auf *gezielte* Weise in eine andere Richtung zu lenken.

Die wirksamsten Meditationstechniken, ganz gleich zu
welchem Zweck, sind die einfachsten. Sie nutzen ausschließlich Fähigkeiten, die jeder Mensch durch etwas Übung mit
der Zeit erwerben kann. Mit den in diesem Kapitel beschriebenen Meditationen zu früheren Leben kann jeder,
der es möchte, beinahe sofort einige Ergebnisse erzielen.

Eine gute Meditationstechnik zu früheren Leben basiert
auf drei grundlegenden Fähigkeiten: *Visualisieren, Konzentration* und *schöpferische Phantasie*.

Visualisieren ist die Fähigkeit, sich etwas bildhaft vorzustellen, sich ein klares geistiges Bild zu machen und es für
eine Weile vor dem inneren Auge zu halten. Solche Bilder
sollte man sich so detailliert und lebensecht wie möglich erschaffen. Eine einfache Vorübung dazu besteht darin, daß
man sich eine Orange vorstellt und sie so klar und deutlich
wie möglich vor sich sieht – ihre Form, ihre Größe und ihre
Farbe. Spüren Sie in Ihrer Vorstellung die Schale der
Orange. Wie fühlt es sich an, wenn Sie Ihre Finger hinein-
drücken, um sie zu schälen? Riechen Sie den Duft, wenn die
feinen Tröpfchen aus der Schale spritzen ... Versuchen Sie,
sich auch den Geschmack der Orange vorzustellen.

Konzentration ist die Kunst, ein solches Bild im Geist
festzuhalten, ohne zu anderen Dingen abzuschweifen. Mit
etwas Übung lernen wir, unsere Aufmerksamkeit auf etwas
zu konzentrieren und alles andere auszublenden. Versuchen

Sie einmal, langsam bis zehn zu zählen. Visualisieren Sie jede der Zahlen, und halten Sie sie, ohne einen anderen Gedanken zuzulassen, bis die nächste Zahl an die Reihe kommt.

Ich benutze diese Übung häufig in meinen Seminaren, um zu demonstrieren, daß dies gar nicht so einfach ist, wie es auf den ersten Blick scheint. Ich zähle nicht mit normaler Geschwindigkeit. Wenn andere Gedanken auftauchen, braucht es eine größere Anstrengung selbst bei Gedanken wie: »Ach, das ist gar nicht so schwer.« Mehr zu diesem Thema finden Sie im nächsten Kapitel, wenn wir auf das Phänomen des »Widerstands« zu sprechen kommen.

Die dritte Fähigkeit, die es für eine gute Meditation zu früheren Leben zu entwickeln gilt, ist die *schöpferische Phantasie* – den Geist auf Phantasiereisen zu schicken, ihn in die Lage zu versetzen, Bilder und Szenen zu erschaffen, die mit dem Leitmotiv der Meditation in Verbindung stehen. Diese Bilder sollten in dreidimensionaler Form erschaffen werden. Wenn Sie mit der Übung des vorigen Kapitels gearbeitet haben, werden Sie sehen, das dies möglich ist: Das Leitmotiv ist dabei das einer Kunstgalerie gewesen, in dem ein altes Porträt von Ihnen hängt. *Was* jedoch in diesem Porträt erscheint, wird Ihnen nicht vorgegeben, Ihre Vorstellungskraft muß es selbst erschaffen.

Schöpferische Vorstellungskraft ist der Schlüssel zu der Pforte wahren spirituellen Gewahrseins von Energien und Wesen. Energien aus diesen feinstofflicheren Ebenen müssen für uns die Form von Bildern annehmen, damit wir sie erkennen und mit ihnen arbeiten können. Die Phantasie ist etwas Reales auf Ebenen, die jenseits unserer normalen, sinnlich erfaßbaren Welt liegen. Durch Phantasie erschaffen wir bezogen auf diese Welt ein neues Wahrnehmen, ein neues Erfahren in Formen und Farben.

Die schöpferische Phantasie kann, wenn sie in Verbindung mit der Meditation zu früheren Leben eingesetzt wird, höhere Ebenen der Intuition und Inspiration aktivieren. Wir öffnen uns für ein neues Verständnis der Gegebenheiten unseres Lebens. Ein physisch und spirituell kreativer Mensch sieht intuitiv die Möglichkeiten, gewöhnliche Erkenntnisse und Erfahrungen umzuformen und zu einer neuen Schöpfung zu verarbeiten. Solche Phantasiearbeit versetzt uns in die Lage, Neues über uns in Erfahrung zu bringen, und sie schenkt uns die Erleuchtung, die uns aus den karmischen Kreisläufen befreien kann.

Wir Menschen verfügen über ein »doppeltes« Gehirn, mit zwei verschiedenen Arten des Erkennens. Die unterschiedliche Charakteristik der beiden Gehirnhälften spielt eine wesentliche Rolle bei unserer Fähigkeit, mit Hilfe anderer Bewußtseinszustände Erkenntnisse über frühere Leben zu gewinnen. Jede der beiden Hemisphären sammelt zwar dieselbe Information, geht aber unterschiedlich damit um. Eine der beiden – häufig die dominante linke – Gehirnhälfte neigt dazu, die Oberhand zu gewinnen und die andere Hälfte zu beherrschen, besonders bei uns Menschen der westlichen Zivilisation.

Diese linke Gehirnhälfte analysiert, zählt, mißt die Zeit, plant, betrachtet alles logisch und geht Schritt für Schritt vor. Sie formuliert in Worten, macht Aussagen und zieht auf Logik basierende Schlußfolgerungen. Sie geht folgerichtig und linear ans Leben heran.

Uns steht aber noch eine zweite Methode zur Verfügung, Erkenntnisse zu gewinnen und zu lernen: Wir nennen sie die »rechtshirnige Aktivität«. Mit ihr können wir Dinge sehen, die es nur in der Phantasie gibt – nur für das innere Auge sichtbar –, oder uns an Dinge erinnern, die zwar real, aber verschollen waren. Wir sehen, wie die Dinge im Raum

Die zwei Gehirnhälften

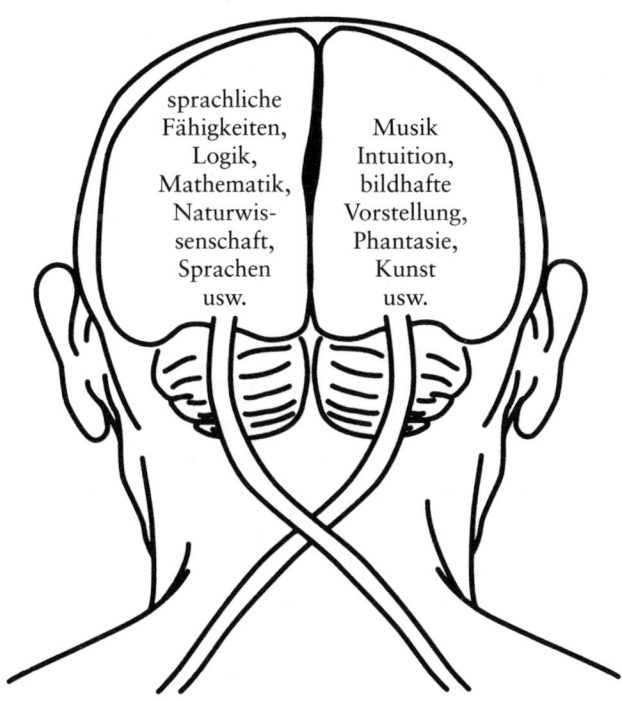

sprachliche
Fähigkeiten,
Logik,
Mathematik,
Naturwis-
senschaft,
Sprachen
usw.

Musik
Intuition,
bildhafte
Vorstellung,
Phantasie,
Kunst
usw.

Wenn wir mit veränderten Bewußtseinszuständen umgehen, wie bei der Meditation zu früheren Leben, ist es leichter, durch die rechte Gehirnhälfte Zugang zu den tieferen Schichten des Unbewußten zu bekommen. Hier sind jene uralten Erinnerungen gespeichert und warten darauf, von uns ans Tageslicht gebracht zu werden.

existieren und wie Teile ineinandergreifen, um ein Ganzes zu bilden. Durch rechtshirnige Aktivität können wir Symbole und Metaphern verstehen, können träumen und Ideen neu kombinieren. Mit Ihrer rechten Gehirnhälfte bekommen Sie Zugang zu Ihrer Intuition und haben plötzliche Eingebungen – Momente, in denen alles auf einmal klar wird, »Sinn macht«, auf nicht-logische Weise. Diese Hemisphäre arbeitet auf eine subjektive, assoziative und zeitlose Weise. Eine ihrer wichtigsten Fähigkeiten ist das Erzeugen von Bildern. Sie kann ein inneres Bild entstehen lassen und es anschauen. Solche Bilder können Informationen und Fakten aus Vergangenheit, Gegenwart oder Zukunft spiegeln.

Es gibt, sehr verallgemeinert gesagt, zwei grundlegende Formen der Meditation, und alle anderen sind daraus abgeleitet. Die erste ist die passive Methode: Dabei läßt man Bilder aufsteigen, wie sie kommen, und sich um ein spezielles Mantra, einen Gedanken, ein Symbol oder ähnliches herumbilden. Die zweite Methode ist die aktive Meditation. Hier nehmen Sie ein Symbol, ein Bild, einen Satz oder einen Gedanken und bewegen diese in Ihrem Geist, wobei Sie alle anderen Gedanken ausblenden. Die Absicht dabei ist, daß Sie alles aus einem Gedanken oder Symbol herausholen, was herauszuholen ist. Für die Erforschung früherer Leben ist diese aktive Form der Meditation die wirksamste.

In der Meditation zu früheren Leben verwenden Sie die Begabung Ihrer rechten Gehirnhälfte, Bilder zu erzeugen, um einen besseren Zugang zu den tieferen Schichten Ihres Unbewußten zu erhalten. Dort befinden sich uralte, verborgene Erinnerungen. Das richtige Arbeiten mit spezifischen Bildern und Symbolen hilft dabei, im Unterbewußtsein die Erinnerungen an frühere Leben zu wecken und sie wie über eine Brücke ins Bewußtsein zu transportieren.

DIE BRÜCKE ZWISCHEN DEM BEWUSSTSEIN
UND DEM UNBEWUSSTEN

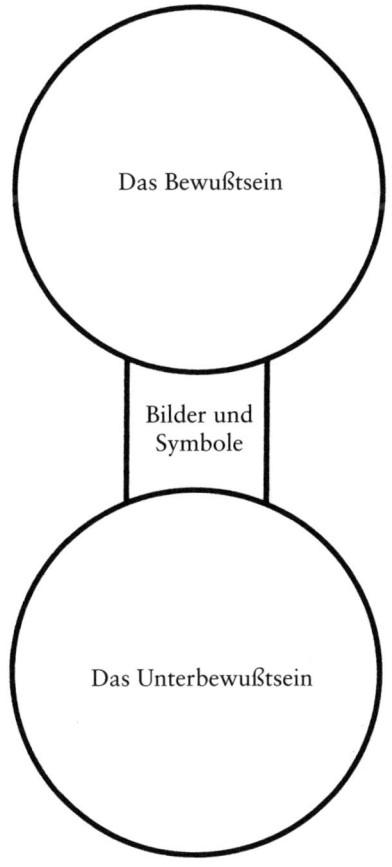

Durch die Fähigkeit der rechten Gehirnhälfte, in Bildern zu denken, können wir eine Brücke zum Unterbewußtsein schlagen und die Erinnerungen an frühere Leben aktivieren.

Unser Unterbewußtsein kann nicht mit uns kommunizieren außer durch Bilder und Symbole. Dies ist die einzige Sprache, die es kennt. Wenn wir ihm also mitteilen wollen, es möge uns Informationen aus früheren Leben zur Verfügung stellen, müssen wir lernen, diese Botschaft über unsere rechte Gehirnhälfte zu schicken. Und dies geht am besten, indem wir uns auf bestimmte Bilder oder Symbole konzentrieren.

Es gibt viele solche Symbole und Bilder, die wir verwenden können, um diese alten Erinnerungen hervorzubringen. Sie werden sehen, daß jedes der Kapitel dieses Buches Ihnen *einen* der verschiedene Wege vorstellt, wie Sie dies erreichen. Zwar sind dies bei weitem nicht die einzigen Wege, doch sie sind leicht zugänglich und effektiv. Sie werden Ergebnisse bringen.

Hilfsmittel für die Meditation
zu früheren Leben

Es gibt zahlreiche wirksame Möglichkeiten, einen erweiterten Bewußtseinszustand zu erzeugen, besonders für die Erforschung früherer Leben. Drei der wirksamsten Hilfsmittel sind Düfte, Blütenessenzen und Kristalle und Steine. Sie verändern die Energie der Umgebung und helfen, den Geist auf den Inhalt der Meditation einzustimmen. Sie helfen, die Konzentration aufzubringen und zu halten, mit der wir uns auf die Bilder aus unserem früheren Leben fokussieren.

Düfte aus früheren Leben

Düfte, seien sie von Kräutern, Ölen oder Räucherwerk, zählen zu den effizientesten Mitteln, um einen erweiterten Bewußtseinszustand herbeizuführen. Düfte verändern die Schwingungsenergie der Umgebung und der Personen im Raum, je nach individueller Eigenart des Duftes. Düfte berühren uns auf einer sehr subtilen, aber sehr realen psychischen Ebenen. Sie helfen uns dabei, leichter zu den tieferen Ebenen des Bewußtseins vorzudringen.

Bei der Meditation zu früheren Leben helfen Düfte, insbesondere die von ätherischen Ölen, die Aufmerksamkeit von außen nach innen zu lenken. Es gibt verschiedene Anwendungsmöglichkeiten. Die Öle können in ein Bad gegeben werden, das man vor der Meditation nimmt. Auf diese Weise wird der Duft vom Körper aufgenommen und bleibt während der Meditation erhalten. Ein paar Tropfen eines ätherischen Öls pro Bad sind genug; gute Aromaöle sind sehr machtvoll.

Sie können sich auch kurz vor der Meditation ein paar Tropfen eines ätherischen Öls auf die Haut tupfen. (Es empfiehlt sich, das Öl zuvor in etwas Wasser zu geben, weil einige ätherische Öle, direkt aufgetragen, die Haut reizen können.) Sie können auch ein oder zwei Tropfen in eine kleine Schale mit Wasser geben und sie in die Ecke des Raumes stellen, in der Sie die Meditation zu früheren Leben durchführen. Der Duft wird die Luft um Sie herum erfüllen.

Bei Räucherwerk empfiehlt es sich, es *vor* der Meditation zu verwenden. Sind es Räucherstäbchen, so können Sie sie während der gesamten Meditation weiterglimmen lassen.

Es gibt zehn Düfte, die sehr wirksam für die Meditation zu früheren Leben sind. Die Reihenfolge der folgenden Liste ist kein Hinweis auf ihre Wirksamkeit – diese müssen Sie selbst für sich herausfinden! Jeder von uns hat sein eigenes, individuelles Energiesystem, und jedes System reagiert anders. Nehmen Sie die Liste als Anregung. Experimentieren Sie. Mixen Sie sich Ihren eigenen Duft. Finden Sie den Duft oder die Kombination von Düften, die auf Sie die beste Wirkung hat.

Eukalyptus

Dies ist ein starkes und vielseitiges Öl für die Meditation. Tupfen Sie einen Tropfen zwischen den Augen auf die Stirn, so regen Sie damit das innere Sehen an (Aktivierung des dritten Auges). Es hilft gleichzeitig, daß Emotionen, die während der Meditation zu früheren Leben hochkommen könnten, Sie nicht negativ beeinflussen.

Weihrauch

Dies ist ein hervorragender, für jede Art von Meditation geeigneter Duft. Sie können ihn einsetzen, um Ihre inneren Bilder anzuregen. Weihrauch hilft Ihnen, sich für höhere Inspirationen und klarere Perspektiven zu öffnen. Wenn Sie Weihrauch in Verbindung mit einer Meditation zu früheren Leben einsetzen, kann er Ihnen helfen, mögliche zwanghafte Verhaltensmuster zu klären, die aus der Vergangenheit resultieren.

Hyazinthe

Hyazinthe ist ein hervorragender Duft für eine Rebirthing-Therapie. (Rebirthing ist eine Rückführung in das eigene Geburtstrauma.) Sie können den Duft bei der Meditation zu früheren Leben einsetzen, um die Ursachen von Depressionen freizulegen. Der Duft ist auch gut für Schwangere, die sich in ihrer Meditation auf die Seele, die bald auf die Welt kommen wird, einstimmen möchten. (Diese Meditationen werden in Kapitel 6 ausführlich beschrieben.)

Lavendel

Lavendel gilt schon immer als magische Pflanze mit einem magischen Duft. Ihr wohlriechendes Aroma regt Träume von früheren Leben an, besonders wenn man kurz vor dem Schlafengehen meditiert. Lavendel kann sehr nützlich sein, will man Licht in Partnerkonflikte bringen, die ihre Ursache in der Vergangenheit haben könnten. Er verbreitet einen Duft, der hilft, karmische Blockaden freizulegen und aufzuzeigen, wie sie am besten gelöst werden. Er ist ebenso wirksam bei Meditationen zu früheren Leben, die vor allem Ursachen emotionaler Blockaden oder innerer Konflikte offenbaren sollen, die Ihr spirituelles Wachstum beeinträchtigen.

Flieder

Dieser Duft ist hervorragend geeignet für Meditationen zu früheren Leben, weil er die tieferen Schichten bewußter Erinnerung anregt. Das ätherische Öl des Flieders ist besonders wirksam, wenn man den Hinterkopf damit massiert, dort, wo an der Medulla oblongata Wirbelsäule und Schädel zusammentreffen. Dies wird die Spiritualität der meditativen Erfahrung verstärken. Flieder fördert die Erinnerungen an frühere Leben, indem er das Gedächtnis und die Hellsichtigkeit anregt. Außerdem öffnet er uns die Augen für die angeborene Schönheit der individuellen Seele.

Myrrhe

Myrrhe ist ein hochwirksamer Duft, der in der Vergangenheit zur Heilung und Reinigung verwendet worden ist. Er kann Erinnerungen an frühere Leben anregen, die Blockaden in unserem jetzigen Leben verursachen. Er kann sogar in Träumen Offenbarungen früherer Leben anregen.

Orange

Orangenduft kann bei der Reinkarnationstherapie die Heilung emotionaler Verletzungen unterstützen. Er bringt Klarheit und Ruhe in Zuständen höchster Intensität. Darüber hinaus kann Orangenduft Träume über frühere Leben anregen, die uns Rückschlüsse auf unbekannte Ursachen von Angst geben können.

Salbei

Salbei ist ein machtvoller Duft, der uns für die spirituellen Auswirkungen der Vergangenheit auf die Gegenwart öffnen kann. Er hat die Gabe, uns im Rahmen einer Meditation zu früheren Leben das gesamte Spektrum der Zeit zu öffnen. Er kann uns auch helfen, die Vergangenheit und die Gegenwart besser zusammenzubringen und zu verstehen. Er ruft ein Gefühl von Unsterblichkeit hervor und fördert die Erkenntnis, daß das Leben der Seele weit über eine einzelne physische Inkarnation hinausreicht. Er hilft uns darüber hinaus, unsere spirituelle Entwicklung früherer Leben in bezug zum Heute zu setzen.

Sandelholz

Sandelholz ist ein guter, für viele verschiedene Zwecke geeigneter Duft. Er macht es uns leicht, in andere Bewußtseinszustände zu gleiten. Wenn wir etwas Sandelholzöl auf die Schläfen tupfen, können wir uns während der Meditation besser konzentrieren. Sandelholz hilft, Blockaden zu beseitigen, die höhere Erkenntnisse im meditativen Zustand verhindern könnten.

Glyzinie

Okkultisten, Metaphysiker und Heiler haben schon immer diesen Duft auf vielfältige Weise angewandt, um höhere Schwingungen zuzulassen. Glyzinienduft kann bei Meditationen zu früheren Leben eingesetzt werden, um in der Vergangenheit erworbene Kreativität zu wecken und zu aktivieren. Er hilft uns, die Türen zu öffnen zwischen dem Bewußtsein und dem Unbewußten, dem Ort, an dem die Erinnerungen aus unserer fernsten Vergangenheit gespeichert sind. Er bringt Licht in die Vergangenheit.

Blütenessenzen für frühere Leben

Blütenessenzen sind Elixiere, die aus den Blüten verschiedener Pflanzen, Kräuter und Bäume hergestellt werden. Wie Ihnen wahrscheinlich bekannt ist, werden sie jedoch nicht aus der physischen Materie dieser Pflanzen hergestellt. Vielmehr wird die Energie, die durch die Pflanze wirksam ist und ihr zugrunde liegt, durch einen einfachen alchemistischen Prozeß extrahiert. Diese Essenzen, von denen wohl die bekanntesten die von Dr. Bach entwickelten Bach-Blütenessenzen sind, sind völlig unschädlich und kommen nicht in Konflikt mit anderen medizinischen Behandlungsformen.

Jede Blüte hat ihre eigene Persönlichkeit und ihre eigene Schwingungsfrequenz. Jede hat auch eine andere Wirkung auf den Menschen. Dieses Energiemuster ist es, welches in das Elixier eingebracht wird. Die Flüssigkeit, in Form einiger Tropfen eingenommen, kann dann das Schwingungsmuster eines Menschen umwandeln, ändern oder neu erschaffen. Die Blütenessenzen können für ganz spezifische Funktionen und Ziele verwendet werden. Die folgenden Essenzen aus den Kalifornischen Blütenessenzen sind besonders wirksam, wenn sie in Verbindung mit einer Erfor-

schung früherer Leben angewandt werden in der Meditation oder in jeder anderen Form.

Blackberry

Blackberry ist wirksam bei jeglicher schöpferischer Bildarbeit und Meditation. Sie bringt Klarheit für die Lösung
von aus der Vergangenheit stammenden Problemen, die im
gegenwärtigen Leben wiederkehren. Sie hilft, die höheren
Lehren der Vergangenheit wiederzuerwecken, damit sie in
der Gegenwart erneut Ausdruck finden können.

Black-Eyed Susan

Diese Blütenessenz ist sehr wirksam für alle Arten von
Reinkarnationstherapie. Sie regt tiefgreifende Einsichten in
blockierte Bereiche des gegenwärtigen Lebens an, die ihre
Ursache in der Vergangenheit haben. Sie hilft, neue Perspektiven für Tod und Sterben zu eröffnen. Sie ist nützlich,
wenn es unbewußte Widerstände gegen die Arbeit mit
Schlüsselthemen der Vergangenheit gibt.

California Poppy

California Poppy hilft, die inneren Bilderwelten und die
Intuition anzuregen. Diese Blütenessenz ist ein ausgezeichnetes Hilfsmittel für jede Art von Meditation. Sie kann
ebenso wirksam sein für Menschen mit der Neigung, sich
in der Großartigkeit ihrer vergangenen Inkarnationen zu
verlieren. Die Blütenessenz hilft auf sanfte Weise das Karma
der Vergangenheit, das noch immer tief im Herzen fest-
gehalten wird, aufzulösen.

Chaparral

Chaparral regt tiefere Bewußtseinszustände an. Es hilft,
Muster in der Gegenwart zu erkennen, die neue Ausdrucks-

formen von Mustern der Vergangenheit sind. Die Blütenessenz des Chaparral kann eingesetzt werden, um Träume anzuregen, die Themen und Informationen aus der Vergangenheit enthüllen, welche uns noch immer betreffen.

Forget-me-not

Die Essenz des Vergißmeinnicht regt tiefere Schichten des Gedächtnisses an und hilft, die Kommunikation zwischen dem Bewußtsein und dem Unbewußten zu verbessern. Sie ist bei Meditationen zu früheren Leben besonders wirksam, wenn es darum geht, karmische Verbindungen mit Menschen aufzudecken, die in unserem Leben die wichtigste Rolle spielen.

Iris

Iris hilft die kreativen Aspekte zu erschließen, die wir in früheren Leben entwickelt haben. Diese Essenz befähigt uns, unsere Erforschung früherer Leben dazu zu nutzen, ein höheres Maß an Inspiration zu erlangen und uns zu verjüngen.

Lotus

Diese Essenz verstärkt die Wirkung aller anderen Blütenessenzen. Sie erweckt die tieferen Bewußtseinsschichten. Sie kann nach der Meditation eingesetzt werden, um die Erfahrungen und Erkenntnisse aus früheren Leben zu verarbeiten und in unsere gegenwärtigen Lebensumstände zu integrieren. Lotus ist eine aktive Hilfe für jede Form der Meditation.

Mugwort

Mugwort erhöht unsere Sensibilität während der Meditation. Die Essenz regt die Intuition und die schöpferische

Phantasie an. Sie kann auch eingesetzt werden, um Träume über vergangene Leben anzuregen. Außerdem eröffnet sie Einblicke in die Gegenwart, die auf der Meditationserfahrung basieren.

Saint John's Wort
Dies ist eine der nützlichsten Essenzen für die meditative Praxis. Sie führt sanft in einen veränderten Bewußtseinszustand. Überdies ist sie sehr aktiv bei der Anregung von Träumen über frühere Leben. Sie löst die Ängste, die jemand vielleicht davor hat, sich vergangenen Leben zu öffnen. Sie stärkt unsere Wahrnehmungen im Zustand der Meditation, und sie kann neue Perspektiven und Einstellungen zu Tod und Sterben eröffnen.

Self-Heal
Self-Heal hilft uns dabei, die Aufgabe, die uns unser Karma stellt, in Angriff zu nehmen – sei es aus der Vergangenheit oder der Gegenwart. Bei Meditationen zu früheren Leben hilft Self-Heal aufzudecken, welche Lektionen aus der Vergangenheit in der Gegenwart weiterwirken und gelernt werden wollen. Die Essenz hilft dabei, Vergangenes loszulassen, so daß in der Gegenwart Fortschritte gemacht werden können. Sie kann uns durch die Meditation zeigen, was sich aus der Vergangenheit in unsere Gegenwart fortsetzt und noch der Heilung bedarf.

Star Tulip
Star Tulip ist eine ausgezeichnetes Mittel für ein besseres Erinnern der Vergangenheit. Die Essenz kann Ihnen helfen, sich an Träume zu erinnern, die Aspekte Ihrer früheren Leben enthüllt haben. Sie verhilft zu größerer intuitiver Sensibilität und verstärkt jegliche meditative Erfahrung. Sie

kann uns helfen, die Vergangenheit in größere Harmonie mit der Gegenwart zu bringen.

Thymian

Thymian hilft uns, sanft in veränderte Bewußtseinszustände zu gelangen. Die Essenz erhöht unsere intuitive Wahrnehmung und ist ein ausgezeichnetes Mittel, um vergangene Zeiten wachzurufen und jede Reinkarnationstherapien zu unterstützen.

Kristalle und Steine
für die Erforschung früherer Leben

Kristalle, Steine und Edelsteine erfreuen sich erst seit einigen Jahren einer enormen Popularität, obwohl ihre Verwendung und ihr Nutzen seit alter Zeit bekannt sind. Sie sind natürliche Formen elektrischer Energie, der sogenannten piezo-elektrischen Energie. Jeder Stein und jedes Kristall sendet eine eigene Schwingungsfrequenz aus, und so können manche von ihnen sehr nützlich sein bei der Herbeiführung bestimmter veränderter Bewußtseinszustände.

Halten Sie einfach den jeweiligen Kristall oder Stein während der Meditation zu früheren Leben in der Hand, und er wird seine Funktion erfüllen. Vielleicht möchten Sie auch einen kleinen Kristall auf die Stirn legen, auf den Bereich zwischen den Augen, oder ihn dort mit (Seiden-)Klebeband befestigen. Dies hilft, die elektrische Energie in Bewegung zu setzen, die so das dritte Auge, Ihr inneres Sehen, stimuliert.

Obwohl jeder Quarzkristall darauf programmiert werden kann, Informationen aus früheren Leben aktivieren zu helfen, eignen sich manche Kristalle und Steine dafür von Natur aus:

Amethyst

Dies ist ein hervorragender Stein für jede Meditation. Er hilft dabei, das gewöhnliche Bewußtsein auf die tieferen Ebenen des Unbewußten auszudehnen. Seine violette Farbe ist eine Kombination aus Rot und Blau – dem Physischen und dem Spirituellen, der Vergangenheit und der Gegenwart.

Karneol

Dieser zumeist orangefarbene Stein trägt seinen Namen aufgrund des lateinischen Wortes für Fleisch. Er hat Verbindungen zum »Fleisch« unserer Vergangenheit und zu dem unserer Gegenwart. In der Meditation zu früheren Leben kann er Einblicke vermitteln in Möglichkeiten, wie wir unser Wissen aus früheren Leben nutzen können, um unsere Gegenwart umzugestalten.

Doppelendiger Bergkristall

Dieser Kristall hat an beiden Enden eine Spitze. Ein solcher Stein ist ein sehr wirksames Hilfsmittel für alle Arten der Meditation. Seine beiden Spitzen sind ein Symbol für die Verbindung zweier Ebenen. Bei der Erforschung früherer Leben kann er uns helfen, uns bewußtzumachen, wie das Vergangene sich im Gegenwärtigen widerspiegelt.

Hämatit

Dieser silbrig-dunkle Stein aktiviert wirksam das Unbewußte und seine Erinnerungs-Datenbanken. Besonders wirkungsvoll unterstützt der Stein Rückführungen in frühere Leben durch Hypnose. Er öffnet das Bewußtsein für frühere Leben auf eine sanfte Weise und hilft uns, das, was wir dort erfahren, in unser gegenwärtiges Leben einzuordnen.

Lapislazuli

Dieser Stein ist höchst effektiv für die Reinkarnationstherapie, besonders wenn man sich für die Meditation einen
kleinen Lapislazuli mit Klebeband auf der Stirn befestigt.
Er aktiviert den inneren Blick, der uns zu Einblicken in Bereiche des Unbewußten verhilft, die möglicherweise
blockiert sind oder gegen die wir innere Widerstände haben.
Er kann uns helfen, uns Bereichen unserer Vergangenheit
bewußt zu werden, die der Reinigung bedürfen oder die wir
schon lange hätten hinter uns lassen können. Er hilft uns,
alte Muster und Wunden zu identifizieren, zu lösen und zu
heilen, die wir aus früheren Leben in unser gegenwärtiges
Leben mitgebracht haben.

Phantom-Kristalle

Diese Kristalle sind sehr machtvoll und für Meditationen
zu früheren Leben gut geeignet. Sie zielen auf Bereiche und
Dimensionen, die sehr real sind. Kristalle, die als Einschlüsse
Erd-Elemente in sich tragen, welche das »Phantom« bilden
(wie etwa das Blei), sind besonders wirksam. Sie symbolisieren das Leben der Vergangenheit als ein Phantom, das
uns bis in die Gegenwart folgt.

Tabular-Kristalle

Tabular-Kristall sind ebenfalls wirksam bei Meditationen
zu früheren Leben. Tabular-Kristalle sind flache Quarz-
kristalle; sie sich gegenüberliegenden Flächen sind unterschiedlich groß. Diese Kristalle sind ein Bindeglied zwischen Vergangenheit und Gegenwart, zwischen Bewußtem
und Unbewußtem und zwischen Physischem und Spirituel-
lem. Sie regen das Bewußtsein für die Verbindung zweier
Punkte an. In Meditationen zu früheren Leben dienen sie
dazu, uns zu helfen, die Lektionen der Vergangenheit auf

eine positive Weise in der Gegenwart zu integrieren, damit wir alte Verhaltensmuster nicht ständig wiederholen. Außerdem gleichen sie eine eventuelle starke emotionale Reaktion auf Enthüllungen aus früheren Leben aus.

6
Reinkarnationstherapie
mit dem Baum des Lebens

Es gibt viele innere Bilder, die sich für die Meditation eignen und Erinnerungen an frühere Leben anregen können. Welches Szenario auch immer Sie wählen mögen, wählen Sie es bewußt aus. Achten Sie darauf, daß die Bilder auch Ihre Ziele reflektieren. Bestimmte Bilder verwenden zu lernen und die Konzentration auf sie gerichtet zu halten ist ein magischer Vorgang. Wenn Sie über frühere Leben meditieren, achten Sie unbedingt darauf, daß die Bilder, die den Rahmen für Ihre Meditation bilden, passend sind. Falls sie es nicht sind, wird es schwierig sein, Zugang zu Ihren unbewußten Erinnerungen zu bekommen.

Ebenso wichtig ist es, zu verstehen, daß die Seele bestimmte Schutzmechanismen hat. Wenn Sie mit der Erforschung früherer Leben keinen Mißbrauch treiben (etwa durch übertriebene Häufigkeit, durch das Schwelgen in glanzvollen Visionen, durch einen Mangel an praktischer Umsetzung Ihrer Erkenntnisse im Alltag), werden die erhaltenen Informationen sich immer um solche früheren Leben drehen, die Ihr jetziges Leben beeinflussen. Die Schwierigkeit liegt jedoch oft darin, herauszufinden, *wo* und *wie* genau jenes frühere Leben uns heute betrifft.

Es gibt jedoch Möglichkeiten bei der Erforschung früherer Leben, die Ihnen helfen können, herauszufinden, welche

Bereiche Ihres Lebens am meisten betroffen sind. Sie können frühere Leben auf ganz gezielte Weise erforschen. Wenn Sie beispielsweise verliebt sind und Probleme haben, gibt es eine bestimmte Meditationsmethode, die Ihnen zeigt, ob diese Probleme die Auswirkung eines früheren Lebens sind oder ob sie eine neue Lernerfahrung für Ihr gegenwärtiges Leben sind.

Dies können Sie mit einer Form der kabbalistischen Meditation erreichen. Die Kabbala ist eine sehr alte mystische Tradition, die auf einer Ebene lehrt, wie das Universum geschaffen wurde, und auf einer anderen, eher praktischen Ebene, den Zugang zu den verschiedenen Ebenen des Bewußtseins öffnet und uns ermöglicht, die verschiedenen Energien des Universums für uns nutzbar zu machen. Die Kabbala lehrt uns, wie wir in uns die Ebenen des Unbewußten erreichen können, durch die wir Zugang zu den verschiedenen Kräften und Energien der himmlischen Hierarchien erhalten können.

Der Baum des Lebens ist das zentrale Symbol für das Erlernen dieses Prozesses. Das Bild des Baumes hat zehn verschiedene Ebenen, auch »Sphären« oder »Sepiroth« genannt. Ich werde mich jedoch im folgenden möglichst allgemein verständlich ausdrücken und eher Begriffe unserer alltäglichen Sprache verwenden. Jede dieser Ebenen steht für einen bestimmten Bereich des Unbewußten und hat eine Reihe von ihm zugeordneten Energien und Eigenschaften. Wir können auf diese Energien zugreifen, wenn wir lernen, Zugang zu der entsprechenden Ebene unseres Unbewußten zu bekommen. Es ist nicht Absicht dieses Buches, alle diese Aspekte im einzelnen vorzustellen. Ich werde nur darauf eingehen, wie wir den kabbalistischen Lebensbaum für die Erforschung früherer Leben benutzen können. (Falls Sie an weiteren Informationen über die Kabbala und ihre vielen

DER BAUM DES LEBENS

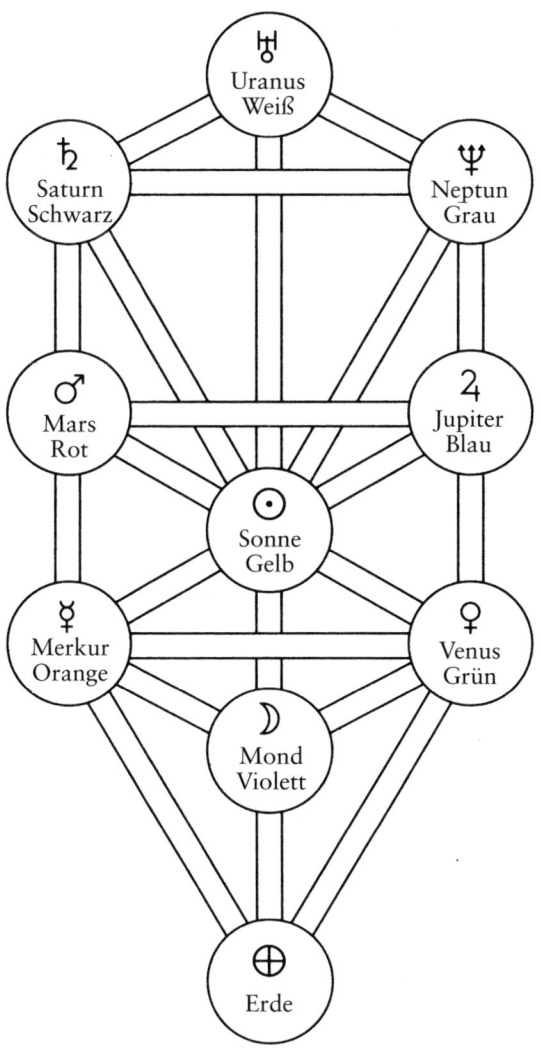

Entsprechungen interessiert sind, schauen Sie bitte ins Literaturverzeichnis.)

Der Baum ist ein sehr altes Symbol. Er steht für Dinge, die wachsen und sich entwickeln. Er ist die Brücke zwischen den Bereichen des Himmels und der Erde. Für die Erkundung früherer Leben ist der Gebrauch dieses Bildsymbols äußerst nützlich. Ein Baum hat seine Wurzeln in der Erde und erstreckt seine Zweige in immer neue Höhen. Auch wir haben unsere Wurzeln in der Vergangenheit und versuchen uns immer wieder in neue Höhen auszubreiten.

Für jeden Bereich des Lebensbaums gibt es zahlreiche traditionelle Symbole und Querverbindungen. Die Symbole stehen für die jeweiligen Energien, die auf dieser Ebene des Unbewußten zur Verfügung stehen. Eine der gebräuchlichsten Verbindungen ist die mit der Astrologie: Jeder Bereich, jede Sphäre des Lebensbaumes also ist mit einem Planeten assoziiert, einen Planeten, dessen Einfluß und Wirkung auf uns durch eine bestimmte Ebene des Unbewußten spürbar ist.[5] Die entsprechenden Symbole und Farben können eine Art Türklingel sein am Eingang zum jeweiligen Bereich des Unbewußten und bestimmte Erinnerungen aus früheren Leben aktivieren.

Wir können die Symbole des Lebensbaums verwenden, um festzustellen, ob eine gegenwärtige Situation ihren Ursprung in der Vergangenheit hat. Wenn es beispielsweise jemanden gibt, mit dem wir ständig Probleme haben, können wir die mit der Mars-Ebene verbundenen Symbole und Bil-

---

[5] Anm. d. L.: Die vom Autor für die drei obersten Sphären gewählten Planetenentsprechungen unterscheiden sich von anderen. In seiner mehr als 25jährigen Arbeit mit der Kabbala hat er mit dieser auf einer anderen esoterischen Tradition beruhenden Zuordnung jedoch die besten Resultate erzielt.

der einsetzen, um herauszufinden, ob dies ein Konflikt ist, der in der Vergangenheit seinen Ursprung hat, oder ob es etwas Neues ist, mit dem wir umzugehen lernen müssen. Dazu können wir einfach die Meditation, die wir im vorangegangenen Kapitel erlernt haben, zur Lebensbaum-Technik abwandeln.

Um zu wissen, wie dies funktioniert, müssen wir zuerst verstehen, welche Art Information uns auf jeder Ebene des Lebensbaums zur Verfügung steht. Diese Ebenen des Unbewußten können eingesetzt werden, um alle möglichen Themen, Beziehungen, besonderen Fähigkeiten zu erforschen – positive oder negative –, die ihren Ursprung in einem früheren Leben haben oder deren Muster dort begründet wurden.

Bedenken Sie jedoch, daß eine Fähigkeit, die Sie in der Vergangenheit entdecken, nicht unbedingt in der Gegenwart voll und ganz vorhanden sein muß. Was wir in der Vergangenheit entwickelten, muß für die Gegenwart erst wieder aktiviert werden, von neuem entwickelt und auf eine noch höhere Stufe gebracht werden – dies gilt für eine Fähigkeit ebenso wie für eine Beziehung.

Wenn Sie in der Vergangenheit eine Fähigkeit erworben haben, kann es natürlich ein wenig leichter sein, sie wieder auf den alten Höchststand zu bringen. Auf jeden Fall wird es leichter sein, als wenn man sich die Fähigkeit zum erstenmal aneignen müßte – dennoch erfordert es Zeit und Bemühen. Wir können das mit dem Lesenlernen vergleichen: Manchen Kindern macht es keine Mühe, anderen dagegen um so mehr, aber alle müssen von Grund auf anfangen und sich Schritt für Schritt die Fertigkeiten aneignen. Unabhängig von dem Vergangenen, muß der einzelne sich die Bedingungen für eine höhere Entwicklung doch neu erwerben. In der Vergangenheit entwickelte Fähigkeiten aufzudecken kann jedoch eine Art Richtlinie für unsere gegenwärtigen Entwicklungsmöglichkeiten geben.

Die Ebene der Erde

Dies ist der Bereich, in dem wir uns in der Gegenwart befinden. Hier beginnen wir immer mit unserer Meditation, denn Sie wollen ja alles auf ihr Leben *in der Gegenwart* beziehen und anwenden! Denken Sie immer daran: Wenn das, was Sie bei Ihrer Meditation erfahren, Ihnen nicht hilft, ein Problem zu lösen, wenn es eine Situation nicht in einem neuen Licht erscheinen läßt und nicht dazu beiträgt, etwas auf produktivere Weise anzupacken oder neu zu sehen, dann erfüllt es keinerlei Zweck.

Die Ebene des Mondes

Wenn Sie diese Ebene des Unbewußten aktivieren und eine Meditation zu früheren Leben durchführen, kann das Ihnen zeigen, *warum* etwas passiert, wenn es passiert. Die Mond-Ebene kann Ihnen helfen herauszufinden, ob auftretende größere Verzögerungen in Ihrer Lebensplanung ihre Ursachen – und wenn ja welche – in früheren Leben haben. Die Mond-Ebene kann Ihnen Informationen aus früheren Leben geben über Ihre Emotionen – seien es gute, schlechte oder wertfreie. Sie kann Ihnen darüber hinaus die Umstände aufzeigen, unter denen Sie sich in der Vergangenheit Ihrer Intuition öffnen konnten.

Die Ebene des Merkur

Wenn Sie diese Ebene des Unbewußten aktivieren und eine Meditation zu früheren Leben durchführen, kann dies Zusammenhänge aus Ihrem Bildungsweg aufzeigen, wie etwa Verbindungen zwischen Ihnen und Ihrem Lehrer oder zwischen Ihnen und Ihren Schülern. Alles, was mit Schule, Erziehung und Bildung, mit Wahrheit, Kommunikation und den Wissenschaften zu tun hat, kann durch diese Ebene des Unbewußten erhellt werden. Wenn jemand in Ihrem Leben Schwierigkeiten hat, Ihnen gegenüber aufrichtig zu sein, kann diese Ebene aufzeigen, inwieweit dies schon ein früheres Thema war. Wenn Sie selbst Schwierigkeiten im Umgang mit der Wahrheit haben, ist dies ebenfalls die richtige Ebene. Auch Schwierigkeiten beim Sprechen oder beim Zuhören können durch Erforschungen früherer Leben auf dieser Ebene erklärt werden.

Die Ebene der Venus

Dies ist eine Ebene des Unbewußten, die Sie aktivieren sollten, wenn Sie Muster und Zusammenhänge aus früheren Leben erkennen wollen, die Ihre Beziehungen angehen, insbesondere Ihre Liebesbeziehungen. Alles, was mit Sexualität und zwischenmenschlichen Beziehungen zu tun hat, kann auf dieser Ebene leichter einen möglichen Ursprung in früheren Leben offenbaren. Dies ist die Ebene, auf der die Informationen zu finden sind, die für eine Entwicklung von kreativen künstlerischen Energien und Fähigkeiten auf eine Quelle in früheren Leben hinweisen. Im Falle von »Wunderkindern«, hochbegabten Kindern also, kann diese Ebene

Ihnen helfen, jene Erfahrungen in früheren Leben aufzudecken, die dazu beigetragen haben, diese Begabung in der
Gegenwart zu manifestieren.

Die Ebene der Sonne

Dies ist bei der Erforschung früherer Leben die Ebene für
alles, was mit Gesundheit und persönlichem Wohlbefinden
zu tun hat. Religiöse Themen können ebenfalls in einem
früheren Leben ihre Wurzeln haben und durch diese Ebene
des Unbewußten leichter aufgedeckt werden. Die Sonnen-
Ebene kann Ihnen zeigen, ob Unsicherheit, Eifersucht oder
Stolz aus einem vergangenen Leben herrühren. Auf der
anderen Seite sind Idealismus, Mitgefühl und die Fähigkeit
zu heilen ebenfalls häufig das Ergebnis von Anstrengungen,
die man in einem früheren Leben unternommen hat. Auch
hier kann diese Ebene dazu dienen, Licht in diese Entwicklung zu bringen.

Die Ebene von Mars (und Pluto)

Eine Erforschung früherer Leben auf dieser Ebene des Unbewußten kann Reinkarnations-Verbindungen zu destruk-
tiven Dingen und Beziehungen aufdecken. Grausamkeit und
Willensstärke (Willenskonflikte) können ihren Ursprung
in früheren Leben haben, ebenso wie kritische Urteilskraft
und ein genaues Unterscheidungsvermögen. Auch ein Be-
schützerinstinkt für die Menschen unserer Umgebung kann
seine Quelle in der Vergangenheit haben. Die Mars-Ebene
kann Einsichten in den Ursprung von Feindschaften in
Ihrem Leben bringen, von Zwietracht und von allem, was

Sie in diesem Leben hinter sich lassen möchten. Dies ist die Ebene, die man aktivieren sollte, um herauszufinden, ob Überaktivität und andere unausgewogene Energieausdrucksformen ihre Wurzel in früheren Leben haben. Verwenden Sie diese Ebene, um zu erkennen, wie Sie in der Vergangenheit Ihre Drachen besiegt haben. Auch Lektionen in großen Veränderungen, im Einreißen des Alten usw. können ebenfalls ihre Ursprünge in der Vergangenheit haben.

Die Ebene des Jupiter

Dies ist die Ebene des Unbewußten, die wir aktivieren sollten, um die Quellen zu Themen, die mit Überfluß und Geld zu tun haben, in unseren früheren Leben zu finden. Diese Ebene kann uns Gerechtigkeit – oder den Mangel an Gerechtigkeit – in unserem Leben begreifen lernen. Sie kann eingesetzt werden, um die Pfade nachzuzeichnen, die Sie in Ihrer Vergangenheit auf Ihrer spirituellen Suche gegangen sind. Dies ist eine Ebene, welche die höheren Aspekte wie Wohltätigkeit und Friedfertigkeit aufzeigen kann, die Sie in der Vergangenheit entwickelt haben, und wie diese in gegenwärtiges Leben hineinwirken. Probleme mit Heuchelei, Rechthaberei, Selbstgefälligkeit und Selbstgerechtigkeit können ebenfalls ihren Ursprung in der Vergangenheit haben. Die Meditation zu früheren Leben auf der Jupiter-Ebene wird zeigen, ob dies der Fall ist. Sie kann darüber hinaus den Ursprung unseres Pflichtgefühls und unseres Idealismus ausfindig machen.

Die Ebene des Saturn

Die Aktivierung dieser Ebene des Unbewußten bei der Meditation zu früheren Leben wird Ihnen helfen, die Sorgen, die Last und die geleisteten Opfer, die Sie aus der Vergangenheit mitgebracht haben, zu erkennen. Sie sollten mit dieser Ebene in Verbindung kommen, um Ihr Verhältnis zu Ihrer Mutter oder eine Eltern-Kind-Beziehung zu verstehen. Wenn Sie ein Vater, eine Mutter in spe sind, ist dies die Ebene, die aufzeigen kann, welche Verbindung Sie in einem früheren Leben mit der auf die Welt kommenden Seele hatten. Hier können generell Familienbande und Beziehungen aus früheren Leben aufgedeckt werden. Wenn es sich um ein bestimmtes Thema handelt, wie etwa den ständigen Streit mit einem Bruder oder einer Schwester, dann sollten Sie lieber die Verbindungen durch die Mars-Ebene erforschen.

In den kabbalistischen Lehren ist dies die Ebene, durch die Sie Zugang zur Akasha-Chronik erhalten – der gesamten »Datenbank« sämtlicher jemals von Ihnen gemachten Erfahrungen auf allen Ebenen. Besonders taube oder taubstumme Menschen können durch diese Ebene des Unbewußten die Verbindung zu früheren Leben finden. Dies ist die Ebene, um Quellen bewußter oder unbewußter Ängste aufzuspüren, die aus früheren Leben stammen. Dies ist auch die Ebene, durch die Sie erfahren können, wie Sie in der Vergangenheit höhere Formen der Intuition entwickelt haben. Schließlich erhalten Sie hier Zugang zu den Lektionen, die mit Geburt und Tod zu tun haben und aus einem früheren Leben herrühren.

Die Ebene des Neptun

Diesen Bereich Ihres Unbewußten können Sie aktivieren, um die Verbindungen, die Sie in Ihren früheren Leben zu Ihrem Vater hatten, zu verstehen – und umgekehrt, falls Sie Vater sind, die zu Ihren Kindern. Die Ebene kann Ihnen bislang verborgene Fähigkeiten aus früheren Leben aufdecken, die Sie in Ihrem gegenwärtigen Leben wieder wachrufen können. Jedes neue Vorhaben, das seine Wurzeln in einem früheren Leben hat, kann auf der Neptun-Ebene enthüllt werden. Aberglauben, Angst vor der Zukunft oder das Gefühl, »nicht ganz da zu sein«, kann ebenfalls seinen Ursprung in der Vergangenheit haben, und die Neptun-Ebene bringt es an den Tag. Jegliche frühere Leben und Existenzen auch auf anderen Planeten können sich hier zeigen. Auch das Interesse an Astronomie oder Astrologie kann durchaus aus der Vergangenheit stammen. Wenn das der Fall ist, wird diese Ebene des Unbewußten es offenbaren.

Die Ebene des Uranus

Dies ist eine Ebene des Unbewußten, die wir nutzen können, um die Quellen unserer Kreativität in vergangenen Leben ausfindig zu machen, die wir in der Gegenwart leicht wiederbeleben können. Es ist die Ebene, auf der wir uns für Informationen über unseren spirituellen Weg öffnen können. Das Gefühl, mißverstanden zu werden oder nirgends recht dazuzugehören, kann aus früheren Leben herrühren und durch diese Ebene des Unbewußten aufgedeckt werden. Wenn Selbstverneinung, sehr tief sitzende, negative Selbsteinschätzung und Probleme, sich der Realität zu stel-

len, ihren Ursprung in der Vergangenheit haben, ist es die
Uranus-Ebene, die es an den Tag bringen kann. Es gibt
Möglichkeiten, diesen Bereich des Unbewußten auch einzusetzen, um den Blick für die nächste Inkarnation zu öffnen – für Enthüllungen zukünftiger Lebensentwicklungen.

ÜBUNG:
DER GEBRAUCH DES LEBENSBAUMS
IN MEDITATIONEN
ZU FRÜHEREN LEBEN

Es ist gar nicht schwer, eine dieser Ebenen Ihres Unbewußten zu aktivieren. Die entsprechende Farbe und das astrologische Symbol sind alles, was Sie dazu brauchen. Das Symbol und die Farbe werden in der Meditation visualisiert,
aber Sie können sich auf die Meditation schon einstimmen,
indem Sie eine Kerze in der für die Ebene passenden Farbe
anzünden.

Farben beeinflussen uns auf physische, emotionale, men-
tale und spirituelle Weise. Sie lösen ganz spezifische Reak-
tionen in unserem Bewußtsein aus. Wenn Sie die Sonnen-
Ebene aktivieren möchten, zünden Sie beispielsweise eine
gelbe Kerze an. Während der Meditation wird die Energie
der brennenden Kerze auf Ihre Aura einwirken, Sie umhüllen, Sie durchdringen und die entsprechende Ebene Ihres
Unbewußten anregen. Dies wird – zusammen mit den Bildern des entsprechenden Szenarios eines früheren Lebens –
die Informationen auf die gewünschte Weise freisetzen
helfen.

Die Meditation über jede der Ebenen des Lebensbaumes funktioniert noch viel besser, wenn Sie bereits Erfolg mit der Übung »Galerie des Lebens« (Kapitel 4) hatten. Es ist viel einfacher, bestimmte Themen und Leben zu erforschen, wenn Sie sich bereits einen allgemeinen Zugang zu Ihrer Vergangenheit geschaffen haben.

Nehmen Sie die Übung »Galerie des Lebens« als Ausgangspunkt für Ihre Meditation – einen Tag, bevor Sie anfangen, mit dem Baum des Lebens zu arbeiten. Anschließend führen Sie die Lebensbaum-Übung drei Tage lang täglich durch. Die Zahl Drei bildet einen schöpferischen Rhythmus und hilft die Informationen aus früheren Leben stärker und kreativer zu aktivieren. Wenn die Wirkung nur minimal ist, warten Sie eine Woche, und wiederholen Sie dann die Übungsserie. Nur selten kommt es vor, daß man mehr als zwei Wiederholungen braucht, um das gewünschte Ergebnis zu erzielen.

1. Entscheiden Sie sich für ein Thema, dem Sie aus der Perspektive früherer Leben auf den Grund gehen wollen. So können Sie beispielsweise etwas über Ihre Mutter in Erfahrung bringen wollen.
2. Schauen Sie nach, welche Ebene für dieses Thema am besten geeignet ist. Da Informationen über die Mutter am ehesten auf der Saturn-Ebene zu finden sind, ist dies die Ebene Ihres Unbewußten, die Sie aktivieren und mit Ihrer Meditation zu früheren Leben verwenden wollen.
3. Bereiten Sie Ihre Meditationsübung so vor, wie Sie dies schon für die Meditation am Ende des vorangegangenen Kapitels getan haben. Stellen Sie das Telefon leise. Stellen Sie sicher, daß Sie von niemandem gestört werden.
4. Legen Sie Ihre Hilfsmittel bereit: Düfte, Blütenessenzen und/oder Kristalle, auch eine Kerze in passender Farbe.

Lesen Sie sich den Abschnitt über den Planeten der
Ebene, zu der Sie Zugang bekommen wollen, noch einmal durch, und betrachten Sie das Symbol.

5. Zünden Sie die Kerze und das Räucherstäbchen an.
(Anderes Räucherwerk eventuell schon *vor* der Übung
verwenden!) Schließen Sie die Augen, und atmen Sie
einige Minuten lang wie zuvor beschrieben rhythmisch
durch. Beginnen Sie anschließend mit einer progressiven
Entspannung: Konzentrieren Sie sich nacheinander auf
jeden Bereich Ihres Körpers, und schicken Sie ihm
warme, heilende Energien.

6. Nun stellen Sie sich vor Ihrem inneren Auge die folgende
Szene vor:

Sie stehen auf einer wunderschönen Wiese. Alles ist
frisch und grün. Überall blühen Wiesenblumen. In der
Mitte der Wiese steht eine riesige Eiche. Sie ist sehr alt
und knorrig, und die starken Äste recken sich hoch bis
über die Wolken hinaus in den Himmel hinein. Sie können sich gut denken, daß die Wurzeln sich ebenso tief
ausdehnen, bis ins innerste Herz der Erde.
Sie gehen näher an den Baum heran und sehen in der
Rinde am Fuß des Baumes eine kleine Tür. Sie treten
staunend näher – denn in die Tür ist das Symbol für die
Erde geschnitzt: ein Kreis mit einem Kreuz darin mit vier
gleich langen Armen. Unter diesem Zeichen sehen Sie
Ihren vollständigen Geburtsnamen fein säuberlich in die
Rinde des Stammes geschnitzt. Sie verstehen instinktiv,
daß dies Ihr persönlicher Lebensbaum ist, der die Wurzeln Ihrer Vergangenheit und die Knospen Ihrer Zukunft
trägt.
Die Tür öffnet sich und lädt Sie ein einzutreten. Sie
gehen durch die Tür und finden sich in einem schwach

beleuchteten Raum. Es ist warm und ruhig. Der Boden
und die Wände tragen die Farben der Erde: Brauntöne,
Grüntöne, warme rötliche Farben und Goldtöne. Sie treten weiter in den Raum hinein, und an seinem Ende
sehen Sie eine goldene Treppe, die hinab in die Erde
führt, durch einen feinen Nebel ...
Sie steigen die Treppe hinab, wie Sie es schon in der
letzten Meditation (S. 73 ff.) getan haben. Am Fuß der
Treppe kommen Sie in einen runden Raum. Am gegenüberliegenden Ende des Raumes befindet sich jene mas-
sive Tür, die Sie schon kennen ... doch ist sie bemalt in
der Farbe, die zu der Ebene Ihres Unbewußten gehört,
zu der Sie Zugang bekommen möchten. (Wenn es die
Saturn-Ebene ist, wird die Tür schwarz sein. Ist es die
Jupiter-Ebene, so wird sie blau sein.)
Ihr Name ist ebenso wie bei der vorigen Tür in feinen
Buchstaben in das Türblatt eingeschnitzt, zusammen mit
dem (astrologischen) Symbol der Ebene, die Sie gewählt
haben. Die Tür öffnet sich, und goldenes und blaues
Licht fließt hervor, das Sie tröstend, heilend und segnend
umhüllt. Sie treten über die Schwelle, die Tür schließt
sich sanft hinter Ihnen, das blaue und goldene Licht verschwindet ... und Sie befinden sich in jener sehr alten
Galerie – nur hat diesmal alles die Farbe der von Ihnen
aktivierten Ebene. Alle Kunstgegenstände, Dinge, Skulpturen, Wände wie auch der Boden und die Decke sind
von dieser Farbe. (Wenn es die Saturn-Ebene ist, ist alles
schwarz. Wenn es die Jupiter-Ebene ist, ist die gesamte
Galerie blau.)
Sie gehen zu der Wand, an der das Porträt hing. Dort
sehen Sie nun *zwei* lebensgroße Rahmen hängen statt
nur einem. In der Mitte jedes der beiden Bilder sehen Sie
auf der Leinwand groß das astrologische Symbol für

diese Ebene, in der entsprechenden Farbe. Wenn es die Saturn-Ebene ist, sehen Sie ein großes Saturn-Symbol (♄) in schwarzer Farbe mitten auf der Leinwand. Auf dem Rahmen des Bildes ist ebenfalls das astrologische Symbol für diese Ebene abgebildet.

Sie konzentrieren sich auf das Porträt zur Rechten, und da verschwimmt das Planetensymbol vor Ihren Augen, und nun formt sich ein aktuelles Bild von Ihnen und der Person, deren frühere Lebens-Verbindung mit Ihnen Sie herausfinden möchten, erscheint. Ist es eher ein Thema als eine Person, so stellen Sie sich auf dem rechten Bild eine Szene vor, die auf irgendeine Weise das Thema darstellt. Jetzt konzentrieren Sie sich auf das Bild zur Linken. Lassen Sie zu, wie das Planetensymbol in der Mitte allmählich verschwimmt. Während dies geschieht, entsteht eine neue Szene ... Gehen Sie nun genauso vor wie schon bei der vorangegangenen Meditation.

Erinnern Sie sich daran, daß dies *Ihre* Galerie ist. Schauen Sie nach den Messingtafeln auf dem Rahmen. Fahren Sie mit den Fingern über die eingravierte Schrift. Lassen Sie das Bild immer konkreter werden. Stellen Sie sich Fragen. Was ist das für eine Beziehung? Was war dies für ein Leben? Trauen Sie Ihren Eindrücken. Lassen Sie es zu, falls die Szene sich verändern und andere Aspekte dieses Lebens aufzeigen sollte. Welche Emotionen steigen da auf? Was passiert da? Während die Bilder sich allmählich vor Ihren Augen konkretisieren, schauen Sie gelegentlich auch auf das rechte Bild zurück, um zu sehen, wie die Geschehnisse auf dem linken Bild sich in der Gegenwart auswirken.

Lassen Sie das Wort oder den Satz, den Sie als Geschenk aus jenem früheren Leben mitbringen, oben auf dem Bild entstehen.

Nun lassen Sie das Bild auf der linken Seite allmählich verblassen und ersetzen es durch das astrologische Symbol. Dann lassen Sie das rechte Bild ebenfalls verblassen und ersetzen es durch das astrologische Symbol ... Nun treten Sie ein paar Schritte zurück und bewegen sich in Richtung Tür. Sehen Sie, wie Sie wieder von dem blauen und goldenen Licht umhüllt werden, und gehen Sie, wenn die Tür der Galerie sich öffnet, hinaus.

Nun steigen Sie die Treppe hinauf, so, wie Sie es schon in der ersten Meditation getan haben. Wenn Sie die oberste Treppenstufe erreicht haben, stehen Sie wieder in dem erdfarbenen Raum in dem Baum des Lebens ... Sie gehen quer durch den Raum und treten aus dem Baum hinaus. Die Tür schließt sich hinter Ihnen, und noch einmal sehen Sie die Gravierung des Erdsymbols und Ihres Namens in der Tür. Jetzt lassen Sie zu, wie das Bild der Wiese, des Baumes allmählich verblaßt und sich auflöst ... Mit einem angenehmen und ruhigen Gefühl nehmen Sie nun wahr, wie Sie wieder ins Hier und Jetzt zurückgekehrt sind.

7. Schreiben Sie Ihre Erlebnisse in der Galerie auf. Wenn Sie diese Erlebnisse in Ihrem Tagebuch früherer Leben aufzeichnen, werden Sie merken, daß die Szenen immer deutlicher werden und sogar noch mehr Informationen und Einsichten auftauchen werden.

Wenn kein bildhaftes Geschehen in dem Porträt zur Linken erschienen ist, warten Sie einfach einen Tag, und machen Sie die Übung noch einmal. Wiederholen Sie, wenn nötig, die Übung noch ein drittes Mal. Wenn beim dritten Mal immer noch nichts auftaucht, dann ist dies möglicherweise ein Anzeichen dafür, daß dies eine *neue* Lernsituation für Sie ist, die zum erstenmal in Ihrer gegenwärtigen Inkarnation auftritt. Falls die gemachte Erfahrung nicht so dynamisch war, wie Sie sich erhofft hatten, Sie aber *etwas* erfahren haben, warten Sie ein oder zwei Tage, und wiederholen Sie die Übung. Sie werden merken, daß es im Lauf der Zeit immer interessanter wird.

Sie müssen sich nicht exakt an diese Form der Meditation halten. Sobald Sie den grundlegenden Ablauf verinnerlicht haben, schaffen Sie sich Ihre eigene Form. Seien Sie experimentierfreudig. Denken Sie jedoch immer daran, daß der Schlüssel zu den Erinnerungen an bestimmte Themen früherer Leben in der Verwendung der Farben und Symbole liegt. Je mehr Sie dies beherrschen – so werden Sie merken –, um so weniger wahrscheinlich ist es, daß Sie nichts über sich in Erfahrung bringen können.

7
Selbsthypnose und Erkenntnis früherer Leben

Eine der gebräuchlichsten Formen der Erkundung früherer Leben ist die Hypnose. In jüngster Zeit hat die Hypnose jedoch einen etwas zweifelhaften Ruf bekommen. Es gibt sogar Stimmen, die behaupten, daß die Hypnose ein ungeeignetes Mittel ist, weil der Hypnotiseur seinen »Opfern« suggeriert, was sie erleben sollten und was nicht. Obwohl dies in einigen Fällen der Wahrheit entsprechen mag, wird ein guter Reinkarnations-Hypnotiseur nicht mehr tun, als den groben Rahmen abzustecken, welcher der hypnotisierten Person Zugang zu ihren früheren Leben ermöglicht. Auch hier kommt es im wesentlichen darauf an, ob die gewonnenen Einsichten für das jetzige Leben *umsetzbar* sind – ganz gleich, auf welche Weise sie erworben wurden.

Die US-Ärzteorganisation *American Medical Association* definiert Hypnose schlicht als erhöhte Beeinflußbarkeit. Hypnose ist ein Mittel, um das Unbewußte für eine bestimmte Aufgabe zu aktivieren. Das Bewußtsein ist der Sitz unserer organisierten Gehirntätigkeit und Willensausübung. Wir arbeiten damit, wenn wir aktiv, wach und aufmerksam sind, und doch kontrolliert es nur etwa 10 Prozent unseres Körpers und unseres Gehirns. Das Unbewußte andererseits ist der Ort unseres Gedächtnisspeichers, unserer Selbstwahrnehmung, unserer Fremdwahrnehmung und

unserer Intuition. Es kontrolliert etwa 90 Prozent unserer
gesamten Körper- und Gehirnfunktionen, einschließlich des
vegetativen Nervensystems. Durch Hypnose können wir
den Zugriff auf diese Funktionen verbessern.
Vor den fünfziger Jahren wurde Hypnose vor allem zum
Zweck der Heilung und der Unterhaltung eingesetzt. Heute
gibt es zahlreiche weitere therapeutische und nicht-thera-
peutische Einsatzbereiche, von der Gewichtskontrolle bis
hin zum Streßmanagement und zur Steigerung des Selbst-
bewußtseins – oder der Rückführung in frühere Inkarnationen.
In der Hypnose verfällt man weder in Tiefschlaf, noch
schaltet man die Wahrnehmung der Umwelt ab. Man muß
nicht einmal in einen tiefen hypnotischen Zustand versin-
ken, um die hilfreiche Wirkung der Hypnose zu verspüren.
Tatsächlich sind etwa 95 Prozent aller Menschen imstande,
einen Zustand leichter Trance zu erfahren, und dies ist
alles, was nötig ist, um das Unbewußte zu aktivieren und
eine Sitzung zum Erfolg zu führen.
Es gibt noch weitere Mißverständnisse in puncto Hypnose. Doch fest steht: Niemand wird dazu gezwungen,
etwas gegen seine Moral zu tun. Häufig wird man während
der Hypnose seine Umgebung vollständig wahrnehmen.
Man braucht keine willensschwache Person zu sein, damit
eine Hypnose wirkt. Niemand kann Ihnen ein Geheimnis
entlocken, und es ist auch nichts Anti-Religiöses, sich einer
Hypnose zu unterziehen.
All dies sind natürlich Verallgemeinerungen. Es gibt in
der Tat Möglichkeiten, eine Hypnose dazu zu benutzen,
das Unbewußte durch die Hintertür zu aktivieren, morali-
sche Einstellungen zu umgehen und sogar dazu zu ver-
führen, ein Geheimnis zu verraten. Dies würde jedoch die
besonderen Fertigkeiten eines Hypnose-Spezialisten erfor-

WIRKUNGEN DER HYPNOSE ERKENNEN

SYMPTOME

Erkennbare
Hypnosezustände
und leichte bis
mittlere Trance

Rapport
Entspannung
Schließen der Augen
vollkommene körperliche
   Entspannung
Flattern der Augenlider
Augen-Katalepsie
Gliedmaßen-Katalepsie
Schmerzunempfindlichkeit
vollkommene körperliche und
   geistige Entspannung
teilweiser Gedächtnisverlust
posthypnotische Beeinflußbarkeit
Reaktion

95 Prozent aller Erwachsenen sind in der Lage, bereits beim ersten Versuch leichte bis mittlere Trancezustände zu erfahren. Das ist alles, was nötig ist, um Zugang zum Unbewußten zu bekommen und bei einer Rückführung in frühere Leben Ergebnisse zu erzielen. Die Symptome sind deutliche Hinweise, die dem Hypnotiseur signalisieren, daß eine leicht Trance eingetreten ist und daß die Rückführung nun vorangehen kann.

dern, der überdies in klinischer Psychotherapie geschult ist. Die Hypnosetechniken, die in diesem Buch im Rahmen der Erforschung früherer Leben vorgestellt werden, sind hingegen sehr geradlinig und haben mit derartigen Prozessen nichts gemein.

Die Hypnose ist ein natürlich induzierter, tiefer Entspannungszustand. Sie erfordert ein gewisses Maß an Intelligenz, die Bereitwilligkeit, sich auch auf einen anderen Bewußtseinszustand einzulassen, Konzentration sowie entsprechende Motivation. Sie versetzt Sie in die Lage, Ihr Bewußtsein zu umgehen, um Zugang zum Unbewußten zu bekommen.

Bevor wir die Hypnose mit Erfolg zu unseren Zwecken insbesondere für die Erforschung früherer Leben einsetzen können, müssen wir die Prinzipien besser verstehen, die dabei eine Rolle spielen – besonders jene, die uns helfen können, unsere Wachstums- und Verhaltensmuster zu identifizieren und zu beeinflussen. Das Übliche – Gewalt, Drogen, Belohnungen, Strafen oder Streiten – ist bei weitem weniger wirksam als innere Bilder, die wir während eines veränderten Bewußtseinszustandes in uns erschaffen.

Wir werden bei der Erforschung früherer Leben die Hypnose in vier Schritte einteilen. Am Ende dieses Kapitels finden Sie einen Text, den Sie Wort für Wort übernehmen können, um für sich selbst eine Hypnose zu induzieren. In diesem Text sind alle vier Schritte enthalten.

Achtung: Falls Sie während der in diesem Kapitel beschriebenen Übungen Gefühlen begegnen sollten, die Ihnen in irgendeiner Weise unangenehm sind, atmen Sie dreimal tief durch, und beenden Sie die Übung. Falls Sie das Gefühl haben, es fällt Ihnen schwer, während der Übung eine objektive Perspektive zu bewahren, sollten Sie einen erfahrenen Reinkarnationstherapeuten oder -berater aufsuchen, der

Ihnen behilflich ist. Fahren Sie auf keinen Fall mit Übungen fort, die Ihnen starke unangenehme Gefühle bereiten!

1. Leiten Sie einen veränderten Bewußtseinszustand ein.

Wenn Sie die vorangegangenen Übungen mitgemacht haben, wird Ihnen dieser Teil bereits geläufig sein. Im Mittelpunkt steht tiefes, rhythmisches Atmen.

2. Vertiefen Sie Ihren veränderten Bewußtseinszustand.

Dazu setzen wir ebenfalls etwas ein, was wir im Vorangegangenen gelernt haben – die progressive Entspannung. Konzentrieren Sie Ihre Aufmerksamkeit auf ein Körperteil nach dem anderen, und entspannen Sie sich – Stück für Stück. Lassen Sie sich Zeit. Je tiefer die Entspannung, desto effektiver die gesamte Rückführung.

3. Halten Sie den veränderten Bewußtseinszustand aufrecht, und setzen Sie ihn ein.

Auf dieser Stufe setzen wir spezifische Bildarbeit und Suggestionen ein, um unser Unbewußtes dahingehend zu aktivieren, uns spezifische Erinnerungen an vergangene Leben zu enthüllen.

4. Abschluß und Wieder-Zurückkommen

Dieser Schritt beinhaltet die positive Bekräftigung der gemachten Erfahrung und die sanfte Rückkehr ins normale Bewußtsein. Dies ist eine gute Gelegenheit, um posthypno-

tische Suggestionen für *zukünftige* Rückführungsreisen zu
setzen sowie die gesamte Erfahrung positiv anzunehmen
und von ihr Gebrauch zu machen.

Wie hypnotische Suggestionen und innere Bilder funktionieren

Wie unser Unbewußtes auf Ideen und Bilder reagiert, ist
sehr leicht nachvollziehbar. Es gibt ein altes okkultes Prinzip, das lautet: »Alle Energie folgt dem Gedanken.« Wohin
wir auch immer unsere Gedanken senden, unsere gesamte
Energie folgt ihnen stets. Und wir sollten daran denken,
daß das Unbewußte unsere Gedanken und Ideen vollkommen *wörtlich* nimmt!

So sagen wir unseren Freunden beispielsweise, daß wir
fünf Kilo »verloren« haben, und schon wird unser Unbewußtes aktiv. »Verloren?« fragt es sich. »Da mache ich
mich besser schleunigst auf, sie wiederzufinden.« Und
schon fängt es an, mit Hilfe Ihres Körpers und Ihrer Gedanken alles daran zu setzen, die fünf Kilo wiederzukriegen.
(Und es macht seinen Job gewöhnlich so gut, daß es gleich
ein paar Extra-Pfunde zulegt, nur für den Fall, daß Sie sie
wieder einmal »verlieren« sollten.) Wir sagen uns, daß wir
jeden Winter zweimal die Grippe kriegen, und unser Unbewußtes beginnt sofort, mit Ihrem physiologischen System
zu arbeiten, damit Sie bei Wintereinbruch auch wirklich bereit sind, die beiden Grippen einzufangen. Aus diesem
Grund sollten hypnotische Suggestionen und Bilder immer
klar, erfreulich und positiv formuliert sein!

In der Hypnose gibt es vier Grundgesetze der Suggestion
und Bildarbeit.

1. Das Gesetz der konzentrierten Aufmerksamkeit

Wenn Sie Ihre Aufmerksamkeit wiederholt auf eine Idee konzentrieren, hat die Idee die Tendenz, Wirklichkeit zu werden. Je mehr Sie sich in einem veränderten Bewußtseinszustand auf die Idee konzentrieren, desto schneller und stärker wird die Verwirklichung eintreten.

2. Das Gesetz der umgekehrten Wirkung

Je mehr Sie sich abmühen, etwas zu erreichen, desto unwahrscheinlicher wird es, daß Sie Erfolg haben. Das liegt daran, daß Sie sich nicht genügend entspannen, wenn Sie sich so stark bemühen. Durch Ihr bewußtes Tun halten Sie Ihr mächtiges Unbewußtes davon ab, die Arbeit für Sie zu tun. Ihre angespannten und ängstlichen Anstrengungen schicken eine unausgesprochene Botschaft an das Unbewußte und teilen ihm mit, daß Sie Angst haben zu versagen – was dann dazu führen kann, daß es auch Wirklichkeit wird.

3. Das Gesetz der vorherrschenden Wirkung

Eine starke Emotion wird eine schwächere ersetzen. Lassen Sie die stärkere Emotion hochkommen. Dies ist ein reinigender und heilender Prozeß. Ein häufiges Beispiel kann man beobachten, wenn jemand vor Ärger explodiert und anschließend ganz ruhig wird. Durch Selbsthypnose können wir auf kontrollierte Weise aus früheren Leben stammende starke Emotionen freisetzen, die uns noch immer beeinflussen. Im Zusammenhang mit der Erforschung früherer Leben bedeutet dieses Gesetz außerdem, daß jene früheren

Leben, die Sie in der Gegenwart emotional am stärksten betreffen, auch diejenigen sind, die als erste aufgedeckt werden.

4. Das Gesetz der Willenskraft und der Vorstellungskraft

Jedesmal wenn sich Willenskraft und Vorstellungskraft gegenüberstehen, wird die Vorstellungskraft die Oberhand gewinnen. Die Willenskraft ist Bestandteil des Bewußtseins, und die Vorstellungskraft ist Teil der Aktivitäten des Unbewußten. Das Unbewußte ist stärker. Wir können uns nicht bewußt von nun ab an frühere Leben erinnern *wollen* – wir brauchen dazu die Vorstellungskraft, brauchen Anregungen, um unser Unbewußtes dazu zu bringen, die erforderlichen Energien und/oder Informationen freizugeben.

Es gibt ein Phänomen, dem man in der Hypnose und in der Meditation häufig begegnet: dem »Widerstand«. Widerstände treten auf der unbewußten Ebene des Geistes auf. Es ist jener Punkt in unserer Rückführungsmeditation, wo unser Geist anfängt abzuschweifen oder die Suggestionen, die ihm gegeben wurden, anzuzweifeln. Er runzelt sozusagen die Stirn und fragt sich, was das eigentlich für Bilder sind. Tatsächlich ist dies ein durchaus positives Signal. Es bedeutet, daß Sie Ihr Unbewußtes wirklich berührt haben!

Durch kontrollierte veränderte Bewußtseinszustände wie in der Meditation oder unter Hypnose arbeiten wir daran, das Unbewußte zu lenken und zu kontrollieren. Nach so vielen Jahren, in dem unser Unbewußtes sich völlig frei bewegen und alles tun durfte, wann und was immer es wollte, wird es nun natürlich Widerstände zeigen, wenn man ihm die Zügel anlegt. So wird es versuchen, zu vermeiden, den Suggestionen oder Bildern zu folgen. Folglich wird es die Gedanken abzulenken versuchen und unkonzentriert bleiben wollen. Wenn Sie feststellen, daß Ihre Gedanken abschweifen, ärgern Sie sich nicht. Ärger wird Sie nur wieder in einen bewußten Zustand bringen. Führen Sie einfach Ihre Aufmerksamkeit zurück auf das, worauf Sie sich konzentrieren wollten. Sie müssen dies vielleicht ein paarmal wiederholen, aber jedesmal, wenn es Ihnen gelingt, Ihre Aufmerksamkeit wieder zu sammeln, lehren Sie Ihr Unbewußtes, *Ihnen* zu folgen statt umgekehrt! Und Ihre Rückführungen werden von Mal zu Mal effektiver sein.

Erkenntnis früherer Leben durch Selbsthypnose

Weil hypnotische Suggestionen so wirksam sind, werden wir eine Form von Selbsthypnose anwenden, falls Sie derzeit keinen qualifizierten, mit Hypnose arbeitenden Reinkarnationstherapeuten aufsuchen können oder wollen. Veränderte Bewußtseinszustände erhöhen die Empfänglichkeit für hypnotische Suggestionen. Bei der Selbsthypnose können Sie sicher gehen, daß es Ihre *eigenen* Gedanken, *Ihre* Wortwahl und Anleitungen sind, die Sie beeinflussen. Ich empfehle Ihnen, die Rückführung am Ende dieses Kapitels auf Tonband aufzunehmen oder Ihre eigene Variante davon anzufertigen. Dann setzen oder legen Sie sich einfach hin und lassen sich von Ihrer eigenen Stimme in ein früheres Leben zurückführen.

Bestimmte Phänomene werden in *jeder* guten Hypnose-Sitzung erfahrbar sein. Das häufigste ist ein Verlust des Zeitgefühls. Oft hat man das Gefühl, daß viel mehr Zeit

vergangen ist, als es tatsächlich der Fall war. Es kann zu un-
willkürlichen Bewegungen des Körpers kommen. Häufig
sind dies Zuckungen, wenn der Körper sich zu entspannen
beginnt. Manche Menschen sehen konkrete Bilder und
Farben, während andere nur vage Eindrücke bekommen.
Wieder andere hören nur etwas. Wie bereits gesagt, gibt es
hier nichts, was besser oder schlechter ist – es ist lediglich
typisch für jeden einzelnen. Es wird ein extremes Entspan-
nungsgefühl geben, das Gefühl von Schwere oder auch von
Leichtigkeit, das während der Entspannung auftritt. Auch
das Gefühl, einzuschlafen, zu wachsen, kleiner zu werden
oder sogar auseinandergezogen zu werden und sich zu
dehnen, kann auftreten.

Bei Rückführungen in frühere Leben, auch wenn sie
durch Selbsthypnose angeregt wurden, reagieren Menschen
auf verschiedene Weise. Möglicherweise erleben Sie die Gefühle und Emotionen eines früheren Leben in ihrer vollen
Intensität. (In der selbst-hypnotischen Induktion am Ende
des Kapitels finden Sie Hinweise darauf, wie dieser Effekt
abzumildern ist.) Sie können Ihr vergangenes Leben wie
einen Film vor Ihrem inneren Augen sehen. Oder Sie haben
einfach die vage Empfindung eines bestimmten Ortes und
einer bestimmten Zeit, obwohl Sie vielleicht gar nichts besonderes sehen oder erleben.

Eine gute, von einem qualifizierten Therapeuten beglei-
tete Rückführung hilft dabei, die Erfahrung aus einem
früheren Leben noch einmal zu durchleben und sich nicht
nur daran zu erinnern. In der Methode, die wir hier anwenden wollen, konzentrieren wir uns jedoch ausschließlich
auf das Erinnern. Sie sollten sich darüber im klaren sein,
daß das Wahrnehmen früherer Leben Sie für emotionale
und physische Schmerzen empfänglich machen kann. Es ist
ein Katalysator für das, womit schließlich Sie allein sich

irgendwann einmal auseinandersetzen müssen. Sie müssen einen Weg finden, um das Erinnerte in Ihr gegenwärtiges Leben zu integrieren und mir dem Jetzt in Einklang zu bringen.

Die Hypnose zur Erkenntnis früherer Leben ist kein Spiel, und es gibt immer einige unbekannte Faktoren, die dabei mitspielen. Sie sollten sich, bevor Sie beginnen, von sämtlichen vorgefaßten Meinungen freimachen. Seien Sie bereit, auch dem Unangenehmsten zu begegnen. Seien Sie bereit, mit einem Trauma aus der Vergangenheit konfrontiert zu werden. Vielleicht wird es niemals passieren, doch die Möglichkeit besteht. Rückführungen in frühere Leben können Wahrheiten über Sie enthüllen, die Sie möglicherweise nur schwer akzeptieren können.

In erster Linie sollten Sie die gesamte Erfahrung mit dem gesunden Menschenverstand angehen. Lassen Sie alle unkontrollierten Phantasien, alles Wunschdenken bei der Entdeckung Ihrer früheren Leben beiseite. Die Szenarios früherer Leben können sehr fein konstruiert und verwoben sein – auch wenn Sie nur »fabriziert« wurden. Fragen Sie sich immer:

- Was hat das mit meiner Gegenwart zu tun?
- Was nützt mir diese Information jetzt, in meinem gegenwärtigen Leben?

Das Führen eines Tagebuchs, in dem Sie Ihre Erfahrungen aufzeichnen und einschätzen, wird Ihnen helfen, einen pragmatischen Ansatz zu bewahren.

Praktische Hinweise
für die Selbsthypnose

Der Schlüssel für eine gute Selbsthypnose ist die Einleitung
der Hypnose, die Induktion. Die leichteste Methode ist, die
Induktion auf Tonband aufzunehmen und sie sich für die
Sitzung dann selbst vorzuspielen. Es gibt Schlüsselworte
und -vorstellungen, die Sie in Ihre eigene Hypnoseeinlei-
tung einarbeiten können. Sie helfen, einen tiefen veränderten Bewußtseinszustand zu erreichen. Einige werden in der
Induktion, die am Endes dieses Kapitels als Beispiel aufge-
führt wird, verwendet – doch seien Sie kreativ! Nehmen Sie
die folgende Liste als Anregung für Ihre eigenen Formulie-
rungen:

• hinabsinken
• tiefer und tiefer gehen
• loslassen
• je tiefer du gehst, desto besser fühlst du dich
• laß deinen Körper treiben
• ruhig
• Frieden ... friedlich ... still
• heiter
• angenehm ... schön ... wundervoll
• Ruhe ... ausruhen
• zur Ruhe kommen
• locker werden ... schlaff ... kraftlos
• still ruhen ... bewegungslos
• schwer ... Schwere
• gut ... natürlich ... sanft
• wohltuend ... matt ... taub
• du fühlst dich wohl ... ein wohliges Empfinden

Achten Sie darauf, daß Sie es bequem haben und nicht gestört werden können. Legen Sie Ihre Brille ab (falls Sie eine haben), und stellen Sie vor allem das Telefon leise. Wenn Sie die Induktion aufnehmen, lesen Sie sie mit sanfter, gleichmäßiger Stimme. Betonen Sie mehrmals die Schlüsselbegriffe (»schwer«, »entspannt«, »wohltuend«, »still«, »tiefer« usw.). Verwenden Sie kurze, einfache Suggestionen.

Bei möglicherweise auftretenden Umweltgeräuschen während der Aufnahme nutzen Sie einfach diese Möglichkeit, um den veränderten Bewußtseinszustand noch zu verstärken. Schließen Sie in Ihre Induktion beispielsweise einen Satz ein wie: »Jegliche Geräusche von außen scheinen jetzt sehr weit entfernt und helfen dir nur, dich noch tiefer zu entspannen.«

Wir werden eine Variante der bereits erprobten Meditation verwenden und sie in eine Selbsthypnose-Sitzung abwandeln. Sie können die Induktion wortwörtlich so aufnehmen, wie sie im folgenden Text formuliert ist, oder aber Sie wandeln Sie so ab, wie Sie meinen, daß sie am besten für Sie funktioniert. Lesen Sie Ihren Text mehrmals durch, bevor Sie ihn für sich aufnehmen.

Die gesamte Rückführung ist in vier verschiedene Abschnitte aufgeteilt: 1. Einleitung, 2. Vertiefung, 3. die »Reise« oder Fortsetzung und Anwendung sowie 4. Abschluß und Wieder-Auftauchen. Weil eine Hypnose sehr lange dauern kann, sollten Sie die Einleitung und die Vertiefung auf der einen Seite der Kassette aufnehmen und die Fortsetzung sowie den Abschluß auf der anderen. Experimentieren Sie, und finden Sie selbst heraus, welches Tempo und welcher Rhythmus für Sie am besten funktionieren.

Lassen Sie sich Zeit bei der Aufnahme. Ein anfangs häufig gemachter Fehler ist, daß man zu schnell spricht oder während der Rückführung nicht genügend Pausen läßt, um das Geschehen voll zu erleben. Im Text finden Sie einige Hinweise auf die Länge der Pausen, und es empfiehlt sich, während der Aufnahme eine Uhr griffbereit zu haben. Doch vor allem kommt es darauf an, daß Ihnen das Ganze Spaß macht!

Sie können Ihre übrige Beschäftigung mit früheren Leben dadurch verstärken, daß Sie den aufgenommenen Text am Abend abspielen, während Sie einschlafen. Oder Sie hören die Kassette tagsüber an und dann noch einmal abends vor dem Zubettgehen – und bereits nach einer Woche können Sie mit deutlichen Resultaten rechnen! So vorzugehen wird Ihre innere Beweglichkeit fördern und die ganze übrige Arbeit mit früheren Leben, wie sie in diesem Buch vorgestellt wird, noch effektiver machen.

Der Text eignet sich ausgezeichnet auch als Verstärkung der Übungen mit dem Lebensbaum:

1. Führen Sie die Übung »Galerie des Lebens« durch als Vorbereitung und Einstimmung auf die Arbeit mit dem Baum des Lebens.

2. Spielen Sie sich am Abend, wenn Sie zu Bett gehen, die aufgenommene Rückführung vor. Schlafen Sie ruhig dabei ein – diese Art der Rückführung wird dazu dienen, Ihre im Wachzustand unternommen Erkundungsreisen zu vertiefen.

3. Führen Sie in den folgenden drei Tagen täglich die Übung »Der Gebrauch des Lebensbaums« durch, wie sie im Buch beschrieben ist.

4. Spielen Sie sich an diesen drei Tagen jeweils abends die aufgenommene Rückführung vor, um die Wirkung Ihrer Übungen zu verstärken.

5. Achten Sie während dieser Zeit sehr gut auf Ihre Träume, besonders auf die Emotionen, die in den Traumszenarios vorherrschen. Diese werden Ihnen vieles

über den bestimmten Bereich offenbaren, den Sie durch den Baum des Lebens gerade erkunden.

(Diese Übung kann, ebenso wie alle anderen Übungen, entweder einzeln oder in Verbindung mit den anderen Übungen durchgeführt werden. Mit der Zeit werden Sie eine Kombination finden, die für Sie am besten funktioniert.)

Erster Teil: Einleitung

»Mach es dir auf einem Stuhl, in einem Sessel bequem … stell die Füße auf den Boden, lege die Hände auf die Oberschenkel (Für Ihre persönliche Rückführung können Sie die Anweisungen so variieren, daß Sie liegen, statt zu sitzen.) … nun laß dich in die Entspannung gleiten … schließ die Augen, damit du nicht mehr durch das, was du siehst, abgelenkt wirst … nun entspanne dich … stell dir das Wort *Entspannung* vor, so, als hättest du es noch nie gehört … denn nun wirst du dir eine sehr angenehme, ruhige Art der Entspannung gönnen … es ist eine Entspannung, die deinen ganzen Körper erfaßt, vom Scheitel bis zur Sohle … es ist eine Entspannung, die dich beruhigen wird und dich für die Wunder öffnet, die in deinem Inneren auf dich warten … also entspanne dich … laß dich vollkommen entspannt sein … Gleich werde ich dich bitten, dich auf deinen Atem zu konzentrieren … atme einfach ein … und wieder aus … ein … und wieder aus … atme Entspannung ein … und Spannung aus … atme ein … und aus … laß alle Muskeln in deinem Gesicht weich werden, und vollkommen locker … atme ein … und atme aus … fühle, wie deine Schultermuskeln zur Ruhe kommen und sich entspannen … atme ein … und aus … während du fühlst, wie sich die Entspannung über deinen Nacken und über die Schultern ausbreitet …

atme ein … und aus … während du fühlst, wie die Entspannung in deine Armmuskeln fließt und sie ganz locker und weich macht … atme ein … und atme aus … atme ein … und aus … spür, wie alle Muskeln in deinem Rücken allmählich locker werden und sich so gut anfühlen … so locker … atme ein … und atme aus … und laß die Muskeln deiner Brust sich entspannen … es fühlt sich so gut an zu atmen … so mühelos … so entspannend … atme ein … atme aus … und fühle die Entspannung in die Muskeln deines Bauches und in die Oberschenkel fließen und sich ausbreiten … atme ein und atme aus … während du die Entspannung durch deine Wadenmuskeln gehen läßt und hinunter in deine müden Füße … atme ein … und atme aus … während jeder Muskel, jede Faser deines Körpers sich so gut anfühlt, so wohlig und so entspannt … dein gesamtes Nervensystem sendet beruhigende Gefühle in jeden einzelnen Teil deines Körpers … atme einfach weiter … und entspanne dich tief und gut.«

(Machen Sie hier eine Pause von 30 Sekunden bis zu einer Minute, und fahren Sie dann direkt mit dem Vertiefungstext fort.)

Zweiter Teil: Die Vertiefung

»Ich werde jetzt von 10 bis 1 zählen, und bei 1 wirst du vollkommen entspannt sein … wohlig und völlig entspannt … in jeder Hinsicht entspannt … Ich fange jetzt an … 10 … du sitzt ganz bequem da und machst gar nichts, ruhst dich nur aus … du wirst die ganze Zeit meine Stimme zu dir sprechen hören, aber es wird dich überhaupt nicht stören … du wirst merken, während du so dasitzt, wie du schläfriger und schläfriger wirst … du wirst versuchen, gar nicht über das nachzudenken, was ich sage, aber du wirst jedes Wort hören … alle Geräusche scheinen weit weg zu sein und interessieren dich nicht besonders … Konzentriere dich nun auf deine Füße … laß sie sich entspannen … Spüre das warme, beruhigende Gefühl, das durch deine Füße geht und sich bis in die Knöchel hinauf ausbreitet … dieses Gefühl ist warm und entspannend … und strömt allmählich durch die Knöchel hinauf in die Waden … es bewegt sich langsam und gemächlich hinauf zu den Knien, in die Oberschenkel … und jeder Muskel, jeder Nerv fühlt sich nun total weich und locker an … 9 … Während ich zu dir spreche, merkst du, wie das Gefühl von Schwere in deinen Beinen immer stärker wird … mit jedem Atemzug fühlst du, wie du allmählich abwärts sinkst … du wirst schläfriger und schläfriger … ein Teil deines Geistes schläft schon, und trotzdem hörst du weiter alles, was ich sage … es fühlt sich so gut an, sich zu entspannen … 8 … du fühlst dich so viel besser jetzt, als deine Beckenmuskulatur nun auf die warmen, beruhigenden Gefühle antwortet … du fühlst, wie deine inneren Organe mit einer beruhigenden Wärme durchströmt werden, und es fühlt sich so wohlig an … so angenehm … es ist ein ganz wunderbares Gefühl … 7 … Die Entspannung breitet sich nun über deine Muskeln deiner Brust aus … jede Nervenzelle, jede Faser entspannt sich jetzt noch tiefer … dein Atem geht so beruhigend … so mühelos … und er fühlt sich so gut an … 6 … Deine Gedanken sind zur Ruhe gekommen … alles, was du nun noch möchtest, ist sinken, tiefer und tiefer hinab, und schläfriger werden, immer müder … du ruhst nun, ganz still und friedlich … nichts macht dir Sorge, und nichts kann deine wohlige Ruhe stören … du bist entspannt … 5 … Von den Muskeln im unteren Rücken lenkst du nun das warme, beruhigende Gefühl langsam in die Wirbelsäule hinauf …

du fühlst, wie du dich beruhigst und entspannst ... Wirbel für Wirbel wird von der Wärme durchströmt, und du entspannst dich ... du fühlst dich ganz weich ... ganz locker ... ganz wohlig ... dein ganzer Rumpf bis in den Hals hinein fühlt sich nun so gut an ... so sehr, sehr gut ... und irgendwelche Außengeräusche helfen dir sogar, dich noch tiefer zu entspannen ... 4 ... Nun antworten deine Fingerspitzen auf deine Aufforderung, sich zu entspannen ... fühle, wie die beruhigenden Empfindungen sich hinauf zu den Handgelenken ausbreiten ... durch die Unterarme ... die Oberarme ... es fühlt sich so gut an ... 3 ... Du interessierst dich im Moment für gar nichts, nur für dieses wunderbare Gefühl von Entspannung und dafür, was es für dich bewirkt ... du wirst immer müder und müder ... sinkst tiefer und tiefer ... dein Nacken fühlt sich so weich an, so locker... und alle Muskeln, alle Nerven und Fasern sind völlig entspannt ... 2 ... Diese Entspannung breitet sich nun in deinen Kiefer aus ... macht die Muskeln dort weich und entspannt ... dein Unterkiefer hängt nun locker herab ... deine gesamte Gesichtsmuskulatur ist jetzt völlig entspannt ... deine Augenlider fühlen sich so angenehm an, so wohlig ... 1 ... Deine Kopfhaut fühlt sich nun so gut an ... spüre, wie jeder Rest von Verspannung nun nach oben durch deinen Kopf entweicht ... jegliche Spannungen und Sorgen ... alle Mühen des Tages können nun beiseite gelegt und einfach vergessen werden ... du lernst, wie du vollkommen loslassen kannst ... hineinsinken kannst in einen tiefen ... tiefen ... Entspannungszustand ... dir ist so wohlig zumute ... du bist jetzt viel zu müde, um dir über irgend etwas Gedanken zu machen, außer, was du durch deine Entspannung erreichen kannst ... du fühlst, wie du tiefer sinkst ... weiter ... weiter ... weiter hinab ... in eine tiefe ... gesunde ... Entspannung hinein.«

(Machen Sie hier für etwa 20 bis 30 Sekunden Pause und fahren Sie mit dem Text für den dritten Teil fort. Je nachdem, wie lange Sie für den zweiten Teil gebraucht haben, paßt der Rest Ihres Hypnose-Skriptes vielleicht besser auf die zweite Seite Ihrer Kassette. Hier eine Pause zu machen, um die Kassette zu wechseln, könnte den Entspannungszustand zwar kurz unterbrechen, für den Gesamtablauf aber nicht unbedingt störend sein.)

Dritter Teil: Die Reise

»Und nun werde ich zu dir sprechen … und während ich zu dir spreche, wirst du dich immer noch weiter entspannen … ich werde dich bitten, dir verschiedene Szenen vorzustellen … das wird dich noch weiter und tiefer entspannen … du wirst dich dabei in jeder Hinsicht sehr, sehr wohl fühlen … du wirst merken, daß du immer müder und müder wirst … dich tiefer und tiefer entspannst … du wirst die Geschehnisse ganz ruhig und losgelöst betrachten können … die Bilder werden dich weiter entspannen, selbst während du sie erlebst …

Stell dir vor, du stehst auf der obersten Stufe einer langen goldenen Treppe … deine Hand liegt auf dem Geländer, und du bist bereit, hinabzusteigen … du weißt, daß du dich, während du hinabsteigst, noch tiefer entspannen wirst, als du es jetzt schon bist … Ich werde nun von 5 bis 1 zählen, und du wirst, während ich dies tue, langsam die Treppe hinabsteigen … du wirst dich noch tiefer entspannen, und du wirst in der Lage sein, aus dir herauszutreten, um neue Aspekte an dir zu entdecken … Fangen wir an … 5 … Du gehst jetzt mit leichten Schritten die Treppe hinunter … jeder Schritt entspannt dich tiefer und tiefer …

während du langsam hinabsteigst, bist du erstaunt darüber, wie wunderbar sich das anfühlt, so entspannt zu sein ... 4 ... Du scheinst mit jedem Schritt, den du die Treppe hinabsteigst, leichter zu werden ... fast fühlt es sich an, als würdest du auf weichen Wolken spazieren, die dich sanft hinabtragen ... du bist jetzt so entspannt und leicht, daß deine Füße kaum noch die Treppenstufen berühren ... während du hinabsteigst ... immer tiefer ... tiefer ... 3 ... Du schaust auf deine Füße, und siehst, daß sie jetzt die Treppenstufen nicht einmal mehr berühren ... du bist nun so entspannt, daß du hinabschwebst ... tiefer ... und tiefer ... dich entspannst ... immer tiefer entspannst ... du wunderst dich, wie frei du dich fühlst ... und du fängst an zu verstehen, daß mit der Entspannung die Freiheit kommt, dich für seltsame und wunderbare Dinge öffnen zu können ... 2 ... Du kannst nun das Ende der Treppe erkennen ... du entspannst dich noch weiter, während du langsam auf den Boden zuschwebst ... es ist ein so beruhigendes Gefühl ... ganz dem Zugriff der Schwerkraft entzogen ... frei zu sein vom Gewicht des Körpers ... nie hättest du gedacht, daß du dich so entspannen kannst ... 1 ... Ganz sanft berühren jetzt deine Füße den Boden ... du bist vollkommen entspannt und fühlst dich total angenehm, in jeglicher Hinsicht ...«

(Machen Sie hier eine kurze Pause von etwa 15 bis 30 Sekunden.)

»Du siehst dich in einem großen runden Raum stehen ... du schaust dich um und erkennst in der Mitte des Raums einen großen, mannshohen Spiegel ... du gehst hinüber zu dem Spiegel und freust dich, wie leicht deine Schritte sind ... jetzt stehst du vor dem Spiegel und erblickst dein eigenes Spiegelbild ... du bist überrascht, wieviel besser du nun aussiehst, wo du völlig entspannt bist … während du in den Spiegel schaust, verschwimmt das Spiegelbild, und du siehst nun ein Bild von dir, wie du vor fünf Jahren aussahst … du erinnerst dich, was du damals getan hast … das Bild ist so deutlich, daß du es gern berühren würdest, aber als du danach greifst, zieht es sich zurück und verschwindet …« *(Pause)*

»Ein weiteres Bild erscheint im Spiegel, und du siehst dich, wie du vor 15 Jahren aussahst … schau dir die Kleidung an … erinnere dich an die damalige Mode … erinnere dich daran, was du damals tatest … *(kurze Pause)*… Das Spiegelbild verschwimmt wieder, und du siehst nun ein Bild von dir, als du noch zur Schule gingst … schau dir die Frisur an … die Kleidung … welche Erinnerungen löst es in dir über diese Zeit in deinem Leben aus?« *(Pause)*

»Die Erinnerungen entspannen dich noch mehr … während du siehst, wie die Bilder verschwimmen und sich verändern, spürst du, daß dieser Spiegel dir Bilder zeigt von dem, was dazu beigetragen hat, dich zu dem zu formen, was du jetzt bist … *(Pause)* … das Bild verschwimmt noch einmal und formt ein neues Spiegelbild von dir an deinem ersten Schultag … was hast du an? … wie fühlst du dich? … was tut deine Familie? … wie fühlst du dich, als du das Klassenzimmer betrittst?« *(Pause)*

»Das Bild verschwimmt noch einmal, verschwindet völlig … du atmest tief, vollkommen entspannt … diese Bilder bewirken, daß du dich noch angenehmer und wohler fühlst und dich noch tiefer entspannst … der Spiegel füllt sich mit einer Unzahl durcheinanderwirbelnder Farben … die Farben verschwimmen und tanzen, und du fühlst, wie du dich

dabei tiefer ... und tiefer entspannst ... dich noch wohler
fühlst ... Die wirbelnden Farben verschwimmen, und ein
vages Bild beginnt sich zu formen ... das Bild ist sehr weit
weg, und du weißt, daß es nicht aus einer Erinnerung deines gegenwärtigen Lebens stammt ... du siehst, wie das
Bild immer deutlicher wird ... du führst die Hand zu deiner
Wange, unsicher, was jetzt kommt ... und obwohl das Bild
noch undeutlich ist, siehst du, wie es deine Bewegung widerspiegelt ... und du merkst, daß du selbst das bist in dem
Bild, aber es ist ein Du aus der Vergangenheit ... Ganz
langsam nimmt das Bild vor dir Gestalt an ...« *(Pause)*

»Jetzt werde ich dir ein paar Fragen über dieses Bild stellen,
und mit jeder Frage wirst du dich tiefer und tiefer entspannen, und das Bild wird immer deutlicher werden ... trau
deinen Eindrücken ... ich werde nach jeder Frage eine
Pause machen, damit deine Eindrücke sich ganz verdeutlichen können ... Stell dir das Spiegelbild vor dir nun in allen Einzelheiten vor ... schau es an, fühle es und wisse, daß
es real ist ... ist es eine weibliche oder eine männliche Gestalt? ... Wie sieht ihre Kleidung aus? ... Kannst du an den
Kleidern den gesellschaftlichen Status erkennen? Ob reich
oder arm? ... Aus welcher Gegend der Welt stammt die Gestalt wohl? ... Welches Gefühl geht von der Gestalt aus? ...
Ist diese Person glücklich, traurig, zufrieden? ... Weist die
Kleidung auf einen bestimmten zeitlichen Rahmen für dieses Leben hin? Was war das Größte, das in jenem Leben
erreicht wurde? ... Wo gab es ein Scheitern? ... Was blieb
in jenem Leben noch ungelöst und betrifft dich heute, in
der Gegenwart, noch? ...
   Du betrachtest das Bild und auch den Hintergrund und
merkst, daß du noch immer zutiefst entspannt bist ... nimm
dir einen Moment, um dir das Bild genau anzuschauen und

herauszufinden, was darin dich heute immer noch angeht und wer sonst sich aus jenem vergangenen Leben noch in deiner Gegenwart spiegelt ... «

(Machen Sie eine Pause von drei bis fünf Minuten, um die Erinnerungen hochkommen zu lassen, und fahren Sie dann mit dem vierten und letzten Teil fort.)

Vierter Teil: Abschluß und Wieder-Auftauchen

»Du schaust auf das Geschehen in dem Spiegel und hast das Gefühl, daß du in den kommenden Tagen weitere interessante Entdeckungen machen wirst ... du merkst, daß du noch immer sehr entspannt und wohlig bist, auch angesichts der vielen Neuentdeckungen ... das Bild verschwimmt, und du siehst dich wieder deinem Spiegelbild von heute gegenüber ... du atmest tief durch, entspannt und bequem ... in wenigen Augenblicken werde ich bis 3 zählen, und du wirst, wenn ich ›drei‹ sage, die Augen öffnen und hellwach sein ... du wirst dich an alles erinnern, was du erlebt hast ... und du wirst immer noch mehr erkennen können ... du wirst voller Energie und Elan sein ... du wirst dich erfrischt und ausgeruht fühlen ... so, als hättest du gerade einen ausgiebigen Mittagsschlaf gehalten ... du wirst dich harmonisch und vollkommen ausgeglichen fühlen ... du wirst dich fitter fühlen ... besser ... stärker ... in jeglicher Hinsicht ... Weil du dich so tief und gründlich entspannen konntest, wird dein Geist wach und kreativ sein ... wir fangen nun an ... 1 ... Du fühlst dich jetzt ganz ausgeruht ... dein ganzer Körper ist in tiefem Frieden mit sich selbst ... du hast die Gelegenheit genutzt, dich tief und

gründlich zu entspannen, und dies hat dir ermöglicht, Erinnerungen an frühere Leben wachzurufen … in Zukunft
wirst du merken, daß jede weitere Rückführung noch ent-
spannender und noch lohnender für dich sein wird … 2 …
Du beginnst zu spüren, wie Energie und Leben in jeden Bereich deines Körpers fließen … das Blut strömt in die Arme
… in die Beine … den Rumpf … du fühlst dich immer kraft-
voller … lebendiger … voller Energie und Tatkraft … du erinnerst dich an alles, was du erlebt hast … und noch mehr
Einsichten und Erinnerungen werden sich in den kommenden Tagen einstellen … du fühlst dich wach und aufmerksam … du fühlst dich vollkommen, emotional vollkommen
… körperlich vollkommen … geistig und spirituell vollkommen … du hast ein tiefes Gefühl von Wohlbefinden und
einer guten Verbindung in deine Vergangenheit … du fühlst
dich gesund … gesünder als vorher … bereit, es mit allem
aufzunehmen, was dir begegnet … deine Augen fühlen
sich erfrischt und ausgeruht an, wie nach einem langen
Schlaf … 3 … Dein ganzer Körper, dein Geist und deine
Seele sind erfrischt … Nun öffne die Augen, und fühle dich
gut und erfüllt von Staunen und Freude.«

8

*Ihre früheren Leben
mit Rute oder Pendel
erforschen*

Unterirdische Wasser- oder Metallvorkommen mit Hilfe
eines Instrumentes wie des Pendels oder der Wünschelrute
zu erkunden hat lange Tradition.

Die Kunst, mit diesen Hilfsmitteln Verborgenes aufzuspüren, hat ihre Wurzeln im einfachen Volk, und viele denken noch heute dabei zuerst an einen etwas seltsamen Menschen, der, einen gegabelten Haselzweig in den Händen,
über die Wiese stolpert, auf der Suche nach einer Wasser-
ader. Glücklicherweise sieht man inzwischen diese Fähigkeit etwas differenzierter; es gibt sogar eine wundervolle
Renaissance und weite Akzeptanz von Pendel und Wünschelrute. Das Image hat sich zum Positiven gewandelt!

In vielen Ländern gibt es Gruppen und Vereinigungen
von professionellen Wünschelrutengängern, die untereinan-
der ihre Erfahrungen austauschen und für die gesellschaftliche Anerkennung ihrer Kunst, der Radiästhesie, arbeiten.
Sie wollen eine Brücke schlagen zwischen der Welt des
Übersinnlichen, »Medialen«, und der Wissenschaft. In
jüngster Zeit hat sich das Betätigungsfeld von Leuten, die
mit Pendel oder Wünschelruten arbeiten, auf Bereiche
erweitert, die das Aufspüren von Wasseradern weit hinter
sich lassen. So haben beispielsweise Angestellte von Elektri-
zitätswerken in den USA Unterricht in Wünschelruten-

gehen erhalten, um beim Ausfindigmachen verborgener Stromleitungen zu helfen. Auch Minensuchtrupps im Vietnamkrieg wurden mit dieser Möglichkeit bekannt gemacht, um Landminen aufzuspüren.

Die Wünschelrutengängerei, vor allem zum Auffinden von Wasser oder Goldadern, hat eine unglaublich lange Geschichte. Es wird sogar die Meinung vertreten, daß die Geschichte von Moses im Alten Testament (Exodus 17), wo er mit einem Stab Wasser aus dem Felsen schlägt, ein frühes Beispiel dafür sei.

»Die früheste Abbildung eines Wünschelrutengängers nach der Erfindung des Buchdrucks (ca. 1454) stammt von 1550 und zeigt sieben Arbeiter, die mit Bergbauarbeiten beschäftigt sind, graben, Steine brechen und fortschaffen, während ein Wünschelrutengänger mit einem gabelförmigen Stock den Boden nach neuen Lagerstätten absucht ... und *De Re Metallica* (1556) von G. Agricola zeigt ebenfalls Bergbauarbeiten, wobei in einer bestimmten Zeichnung nicht weniger als fünf Wünschelrutengänger am Werk sind.«[6]

Wie Pendel oder Wünschelrute eigentlich funktionieren, ist immer noch von Geheimnis umgeben. Manche Leute glauben, daß es einfach nur eine unwillkürliche Muskelreaktion auf einen Impuls ist, der aus der Erde oder von irgendeiner anderen Quelle kommt. Andere vertreten die Ansicht, daß das Ganze allein mit medialer Veranlagung zu tun hat. In diesem Fall hilft eine Wünschelrute also lediglich den Wünschelrutengänger auf seine übersinnliche Wahrnehmung einzustimmen.

Die meisten früheren Wünschelruten waren aus Holz, und am gebräuchlichsten war das Holz vom Haselnuß-

---

6 Howell, Harvey: *Dowsing for Everyone* (Radiästhesie leicht gemacht). The Stephen Green Press, Vermont 1979, S. 12.

GEBRÄUCHLICHE HILFSMITTEL

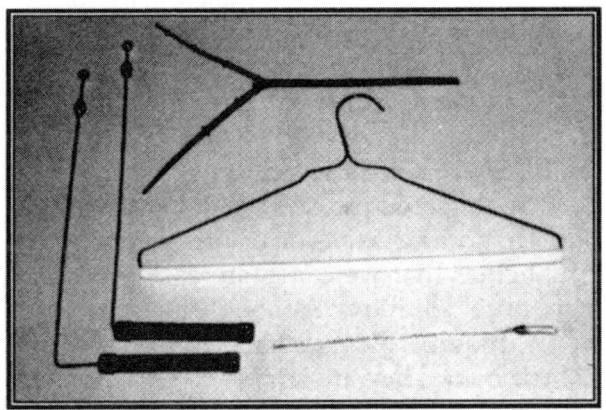

strauch. Aus diesem Grund nannte man Wünschelruten-gänger auch gelegentlich »Haselgänger«. Tatsächlich kann man das Holz eines beliebigen Baumes zur Herstellung einer Wünschelrute nehmen, solange der verwendete Zweig die Form eines »Y« hat und etwa 50–60 Zentimeter lang ist. Heutzutage gibt es sie in allen möglichen Formen und in den verschiedensten Materialien. Die Wünschelrute kann aus Holz sein, aus Plastik oder aus Metall. Es gibt L-för-mige Wünschelruten, Biotensoren sowie Pendel aller Art. Sogar einfache Draht-Kleiderbügel aus der Reinigung sind zur Herstellung effizienter Wünschelruten geeignet!

Wünschelruten sind ein Mittel zum Kontakt mit unserer intuitiven Seite. Sie sehen mehr als unsere physischen Augen und geben uns deutlich sichtbare Hinweise, die wir leichter erkennen können als rein intuitive Eingebungen. Obwohl manche Wünschelrutenspezialisten mir widerspre-chen würden, bin ich doch der Meinung, daß Wünschelruten selbst keine besonderen Eigenschaften haben. Sie sind lediglich Werkzeuge, um unsere Sensibilität zu erhöhen. Fast jeder kann lernen, mit einem solchen Werkzeug umzugehen, solange er vorurteilsfrei an die Sache herangeht.

Radiästhesie ist der wissenschaftliche Name für diese Arbeit. In unserer technikorientierten Gesellschaft gibt es die Tendenz, Dinge eher zu akzeptieren, wenn sie ein »wissenschaftliches« Gütesiegel tragen. Die Radiästhesie ist jedoch nichts weiter als ein Auffinden von Energiestrahlungen, wozu eben ein Werkzeug eingesetzt wird, um die Stärke einer bestimmten Strahlung zu lokalisieren oder zu messen.

Wünschelruten helfen uns, mit Ebenen unseres Geistes zu kommunizieren, die fähig sind, die feinstofflichen Energiefelder zu erkennen, denen wir im Leben begegnen oder die unseren Weg kreuzen. Wir reagieren ständig auf Energien von außen, seien es die Energien anderer Menschen oder die verschiedenen Energien, aus denen Erde und Himmel zusammengesetzt sind. Nur sind wir uns meistens dieser Interaktionen nicht bewußt und erkennen sie daher nicht als solche an.

Das Unbewußte aber registriert diese Interaktion, ganz gleich, wie subtil sie sein mag. Die Radiästhesie-Werkzeuge helfen uns einfach, mit unserem Unbewußten effizienter zu kommunizieren. Wir können mit ihrer Hilfe unserer feineren Wahrnehmungsgabe auf die Sprünge helfen. Sie werden sozusagen eine Erweiterung unseres Unbewußten. Sie sind das Bindeglied zwischen unserem Nervensystem (und dem dahinterstehenden Unterbewußtsein) und den Energiefeldern, mit denen wir in Kontakt treten. Das Nervensystem schickt elektrische Signale und Impulse, die Pendel oder Wünschelrute in Bewegung setzen.

Besonders spürbar ist dies im Fall des Pendels. Das

Schwingen eines Pendels ist eine sogenannte »ideomotorische« Reaktion. Eine solche Reaktion wird durch unwillkürliche Muskelbewegungen hervorgerufen, die vom Unterbewußtsein durch das sympathische Nervensystem angeregt werden.

Das Nervensystem ist unser internes Kommunikationsnetzwerk. Es schickt uns Signale und Botschaften von verschiedenen Ebenen unseres Geistes. Radiästhetische Instrumente verstärken diese Signale und ermöglichen uns, sie leichter zu empfangen und zu entziffern.

Um die Radiästhesie auf die Erforschung früherer Leben anzuwenden, müssen wir einige einfache Aspekte des menschlichen Energiehaushaltes verstehen. Der Mensch ist ein Energiesystem. Er besteht aus einer Vielzahl verschiedener Energiefelder und -quellen und strahlt ständig Energien aus. Diese Energien schließen unter anderem Licht, Geräusche, Elektrizität, Magnetismus und Wärme ein, sind jedoch nicht darauf beschränkt. Überall hinterlassen wir Spuren unserer Energie. Je länger wir uns an einem Ort aufhalten, desto stärker ist unsere energetische Einwirkung auf diesen Ort.

Ein gutes Beispiel, um diesen Effekt zu verstehen, ist unsere Kindheit. Erinnern Sie sich noch daran, wie Sie sich im Zimmer Ihrer Eltern fühlten? Wissen Sie noch, daß es sich anders anfühlte als beispielsweise das Zimmer Ihres Bruders oder Ihrer Schwester? Jeder von uns hat seine eigene Energie, und unsere Energie beeinflußt die Räume, in denen wir leben, und die Menschen in unserem Leben auf sehr subtile, aber reale Weise.

Bei der Erforschung früherer Leben geht man davon aus, daß wir dort, wo wir in der Vergangenheit andere Leben gelebt haben, starke energetische Spuren in Raum und Zeit hinterlassen haben. Wenn wir uns mit Hilfe der Radiästhesie auf die Suche nach diesen vergangenen Leben begeben, setzen wir unsere Werkzeuge ein, um uns auf jene fernen Spuren einzustimmen. Wie Zugvögel sich eine Route schaffen, die sie wiedererkennen und der sie folgen können, so sind auch unsere Leben einem bestimmten Muster gefolgt. Und es gibt Markierungen, Wegmarken, die wir benutzen können, um die Route unserer Reise durch Zeit und Raum aufzuspüren. Diese Wegmarken sind unsere früheren Leben.

Eine solche Vorstellung von Routen oder Spuren ist den sogenannten »Ley-Linien« vergleichbar, die in den vergangenen Jahren soviel von sich reden gemacht haben. Eine Ley-Linie ist nach Ansicht mancher Forscher eine aus unsichtbarer Quelle von oben einströmende Energielinie, die, wenn sie den Boden berührt eine 90-Grad-Wendung macht, und dann eine bestimmte Strecke auf der Oberfläche verläuft, bevor sie in die Erde hineingeht. Der Punkt, an dem die Ley-Linie auf die Erde trifft, ist ein Kraftzentrum. Die heidnischen Kulturen Großbritanniens errichteten ihre wichtigen Bauten an Plätzen der Kraft, die sie auf geheimnisvolle Weise lokalisierten. Anschließend übernahmen die Druiden die Macht und auch die Plätze ... Schließlich kam das Christentum. Der Druidenaltar wurde durch das Taufbecken ersetzt, und das Taufwasser wurde durch die göttliche Kraft der an diesem Punkt einströmenden Ley-Linie geheiligt.

Unsere Lebenszeiten auf der physischen Ebene können mit dem Verlauf dieser Ley-Linien und ihren entsprechenden Kraftzentren verglichen werden. Jedes unserer Leben erschafft ein Kraftfeld auf der Erde in dem Bereich, in dem wir gelebt haben. Durch den Pendel oder die Wünschelrute können wir uns auf diese Punkte einstimmen.

Eine Zeitlinie

Im folgenden Beispiel für eine Zeitlinie markiert das Stern-
chen einen Zeitpunkt, an dem Sie eine Energiespur hinterlassen haben könnten. Einer Ley-Linie vergleichbar, treten
wir in den Bereich des Physischen ein und folgen einem
Kurs, einer Lebenslinie. Dieser Punkt, an dem wir uns wieder mit dem irdischen Leben verbinden, ist ein Kraftpunkt.
Er spiegelt ein vergangenes Leben. Diese Punkte können
von uns mit Hilfe der Radiästhesie lokalisiert werden.

| *   *   *   *   * |
| 3000 v. Chr.   1000 v. Chr. / n. Chr.   1000 n. Chr. |
| *Bronzezeit*   *Antike*   *Mittelalter* |

Je detaillierter die Zeitlinie, desto spezifischer können Sie
nun bestimmte Punkte vergangener Leben aufsuchen. Mit
etwas Übung wird der Gebrauch der in diesem Kapitel vor-
gestellten Technik Sie in die Lage versetzen, Zeiten und
Orte mit großer Genauigkeit zu lokalisieren.

Herstellung und Gebrauch
einer Wünschelrute

Die Anfertigung und der Gebrauch einer eigenen Wünschelrute zur Erforschung früherer Leben ist sehr einfach
und macht Spaß. Alles, was Sie dazu brauchen, findet sich
in Ihrem Haushalt. Die folgende Anleitung zeigt Ihnen, wie
Sie zwei verschiedene Sets von L-förmigen Wünschelruten

Einfache Wünschelrutenstäbe

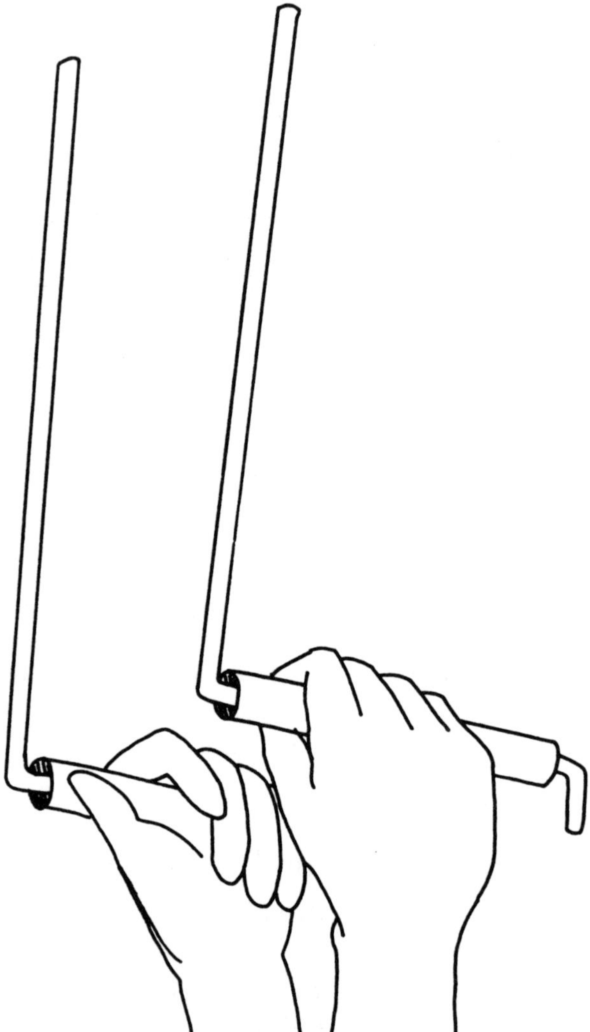

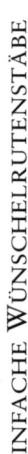

herstellen können, wobei der zweite nur etwas aufwendiger ist als der erste Set.

1. Nehmen Sie einen ganz gewöhnlichen Draht-Kleiderbügel, wie Sie ihn aus der Reinigung mitbekommen. Schneiden Sie ihn mit der Zange an zwei Stellen auseinander (siehe Abbildung auf Seite 150). Mit dem längeren Teil arbeiten Sie nun weiter.

2. Biegen Sie die Seite des Bügelteils so, daß sie im 90-Grad-Winkel zu dem unteren Teil steht.

3. Schneiden Sie ein Stück nicht zu feste Pappe in der Länge der kürzeren Bügelseiten zu. Rollen Sie es stramm auf, eng genug, daß es gerade über den Bügel paßt. Es sollte jedoch nicht *fest* anliegen, sondern beweglich bleiben. Dann kleben Sie die Papphülle mit Tesafilm zu, so daß sie wie eine lockere Röhre über den Griff der Wünschelrute paßt.

4. Jetzt kürzen Sie die Papphülle so, daß der Draht noch ein paar Zentimeter herausragt. Biegen Sie das Ende um, damit die Papphülle nicht abfallen kann, wenn die Wünschelrute senkrecht gehalten wird.

5. Jetzt wiederholen Sie das Ganze mit einem zweiten Kleiderbügel, um das Wünschelrutenpaar zu vervollständigen. Die Wünschelruten sollten in ihren Griffen frei schwingen können, wenn Sie fertig sind, und Sie sollten in etwa so aussehen wie auf der Abbildung auf Seite 148.

Viele Draht-Kleiderbügel aus der Reinigung haben bereits eine passende Papphülle um das untere Bügelstück. Diese können Sie abstreifen, zuschneiden und als Griff verwenden.

Wenn Sie wollen, können Sie mit einfachen Zutaten aus jedem Eisenwarengeschäft und etwas handwerklichem Geschick auch eine etwas elegantere Variante der Kleiderbügel-Wünschelrute herstellen.

HERSTELLUNG
EINER EINFACHEN
WÜNSCHELRUTE

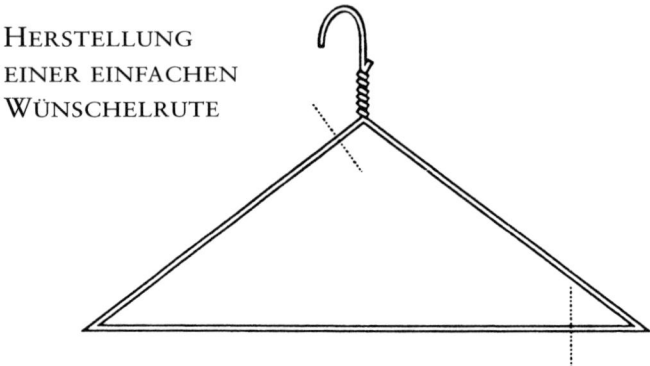

Schritt 1: Nehmen Sie einen gewöhnlichen Drahtbügel und schneiden Sie ihn an den markierten Stellen auseinander.

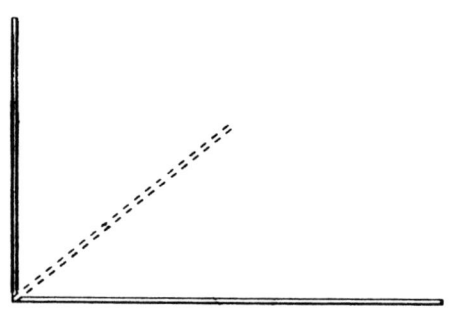

Schritt 2: Biegen Sie das Seitenteil nach oben, bis es im rechten Win-
kel steht.

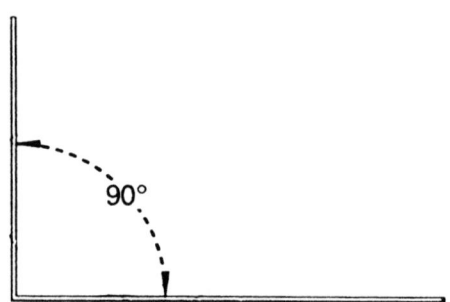

Schritt 3: Rollen Sie ein Stück Pappe, und kleben Sie die Rolle mit Klebestreifen zu. Die Rolle sollte steif genug sein, damit Sie sie festhalten können, sie sollte aber locker über das kürzere Ende des Bügels passen.

Schritt 4 und 5: Schieben Sie die Papprolle über den Griff der nun bald fertigen Wünschelrute, so daß ein paar Zentimeter Draht herausstehen. Biegen Sie dieses Ende um, so daß die Rolle nicht herausrutscht. Nun fassen Sie den Griff und halten die Wünschelrute aufrecht.

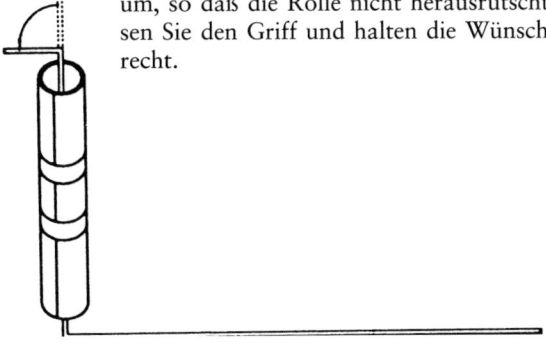

Lassen Sie dazu im Laden zwei etwa 15 Zentimeter lange Abschnitte aus Kupferrohr für die Griffe zuschneiden. Außerdem brauchen Sie für jedes Rohr auch noch zwei Verschlußkappen. Bohren Sie nun in jedes der beiden Rohre ein Loch, das gerade groß genug ist, daß der Kleiderbügeldraht sich locker hindurchstecken läßt. Befestigen Sie die Kappen an den Enden der Rohre. Ein bißchen Sekundenkleber sorgt dafür, daß sie nicht abfallen. Schieben Sie die Drähte durch die Griffe, so daß sie zwei bis drei Zentimeter herausstehen. Biegen Sie die Drähte leicht um, und sie haben eine sehr stabile L-förmige Wünschelrute.

Der nächste Schritt besteht nun noch darin, daß Sie Ihre Wünschelrute richtig einzusetzen lernen. Der Umgang mit einer L-förmigen Wünschelrute ist etwas anders als bei der gabelförmigen Rute. Die traditionelle Methode mit der gegabelten Wünschelrute besteht darin, daß Sie die Rute an den kurzen Enden mit beiden Händen fassen, die Handflächen und Daumen nach oben. Sie sollten fest genug zugreifen, um den Zug der Schwerkraft auszugleichen. Das Ende der Wünschelrute wird etwas höher gehalten als Ihre Hände. Schreiten Sie dann in gleichmäßigen, bewußten Schritten vorwärts. Wenn Sie sich dem Gesuchten nähern, sollte sich die Spitze der Wünschelrute nach unten biegen.

Bei einer herkömmlichen Suche können die L-förmigen Ruten auf dieselbe Weise eingesetzt werden. Man hält sie auf Taillenhöhe, die Ellenbogen zur Seite. Die Spitzen sollten leicht abwärts gerichtet sein und einen leichten Schwerkraft-Widerstand gegen die seitlichen Bewegungen bieten. In dem Moment, wo die Energiequelle gefunden wird, werden sich die Enden der Rute entweder nach außen öffnen, oder nach innen überkreuzen. Das ist bei jedem Wünschelrutengänger anders.

Als erstes sollten Sie sich mit Ihrer Wünschelrute anfreunden, ein Gefühl für sie und ihre Bewegungen bekommen. Entwickeln Sie eine Vorstellung davon, wie die Rute für Sie reagieren soll. Was soll beispielsweise eine nach außen gerichtete Bewegung der Rute bedeuten? Was ein Überkreuzen der Enden? Legen Sie dies fest, ehe Sie die Arbeit mit der Rute beginnen, und bleiben Sie dabei. Für manche Rutengänger bedeutet die Öffnung der Enden eine »Ja«-Reaktion und das Überkreuzen eine »Nein«-Reaktion.

Programmieren Sie Ihre Wünschelrute nach Ihren Bedürfnissen! Halten Sie sie vor sich, und denken Sie das Wort »Ja«. Konzentrieren Sie sich darauf, bis die Wünschelrute so schwingt, wie Sie es für ein »Ja« beschlossen haben. Dann tun Sie dasselbe mit einem »Nein«. Stellen Sie ein paar einfache Ja-oder-Nein-Fragen.

Ein Großteil der Fragen, die Sie mit der Wünschelrute beantworten, müssen Sie als Ja-oder-Nein-Fragen formulieren. Je spezifischer Ihre Frage, desto besser. Wenn Sie beispielsweise die Rute oder den Pendel befragen, ob eine bestimmte Speise *eßbar* ist, bekommen Sie möglicherweise eine positive Antwort. Wenn die Frage jedoch lautet: »Ist diese Speise *für mich gut?*«, reagiert Ihre Wünschelrute vielleicht völlig anders. Es ist wichtig, die richtigen Fragen stellen zu lernen, um die gewünschten Informationen aus früheren Leben einzugrenzen.

L-förmige Wünschelruten werden zum Aufspüren früherer Leben auf etwas andere Weise eingesetzt als üblich: Eine der beiden Ruten des Paars kann als »Richtungsanzeiger« verwendet werden. Weiter brauchen Sie dazu verschiedene Landkarten. Eine der einfachsten Methoden, um nach früheren Leben zu suchen, besteht nun darin, das Ende der einen L-Rute über eine Landkarte zu halten mit der Frage:

DIE HERSTELLUNG
EINER STABILEN WÜNSCHELRUTE

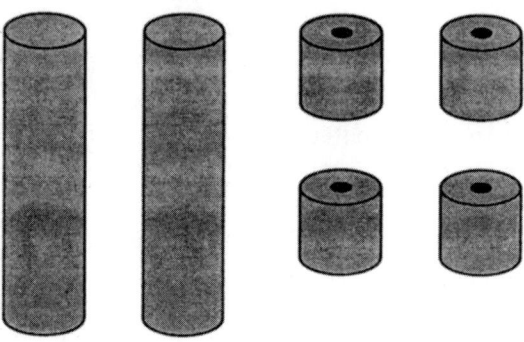

Beginnen Sie mit zwei Abschnitten aus Kupferrohr und kupfernen Verschlußkappen, die auf die Enden passen. Bohren Sie Löcher in die Kappen, um den Draht hindurchzustecken.

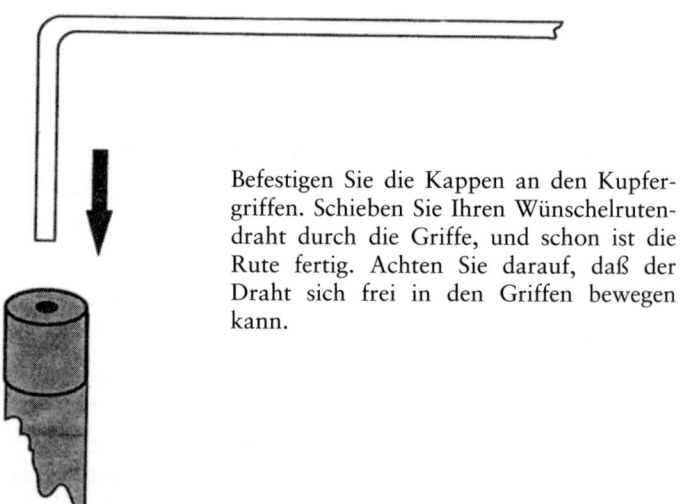

Befestigen Sie die Kappen an den Kupfergriffen. Schieben Sie Ihren Wünschelrutendraht durch die Griffe, und schon ist die Rute fertig. Achten Sie darauf, daß der Draht sich frei in den Griffen bewegen kann.

»In welcher Richtung etwa hat sich ein früheres Leben abgespielt, das mich in meinem jetzigen Leben betrifft?« Eine andere Methode ist, die Rute langsam über die Karte zu bewegen. Das Ende wird sich irgendwann stabilisieren und auf jene Punkte zeigen, die in Zusammenhang mit Ihrer Frage stehen: »Wo hatte ich ein früheres Leben, das mit gegenwärtig beeinflußt?« Die Abbildung auf Seite 157 zeigt, wie Sie dies auch mit einer Y-Rute machen können. Achten Sie darauf, eine geeignete Frage zu stellen. Fragen wie: »Wo hatte ich ein früheres Leben, das mich gegenwärtig beeinflußt?« oder »Wo sollte ich meine Erforschung früherer Leben beginnen?« oder »Zeig mir die Gegend eines wichtigen früheren Lebens« sind effektive Beispiele.

Sie können sich für diese Arbeit auch einen speziellen Ordner mit Karten und Tabellen anlegen. Beginnen Sie, indem Sie den Kontinent bestimmen, und nehmen Sie entweder eine Weltkarte oder arbeiten Sie so wie in der Abbildung auf Seite 156. Grenzen Sie dann die Länder ein, indem Sie eine speziellere Landkarte nehmen oder eine Tabelle anfertigen, in der die Länder jedes einzelnen Kontinents aufgelistet sind. Wenn Sie diesen Weg besonders intensiv verfolgen möchten, sollten Sie sich einen Ordner mit Landkarten und Tabellen anlegen, die Sie für die radiästhetische Erkundung früherer Leben verwenden.

Sobald Sie den Ort eingegrenzt haben, können Sie beginnen, an der *Zeit* zu arbeiten. Fertigen Sie eine so präzise Zeittafel an, wie Sie es für erstrebenswert halten. (Siehe das Beispiel auf Seite 156.) Halten Sie Pendel oder Rute über die Tafel und fragen Sie nach dem Zeitrahmen, in dem sich Ihr vergangenes Leben an dem Ort, den Sie bereits bestimmt haben, abspielte. Auch hier können Sie die L-Rute in Kombination mit einfachen Ja-oder-Nein-Fragen einsetzen, um den Zeitpunkt einzukreisen. Achten Sie darauf,

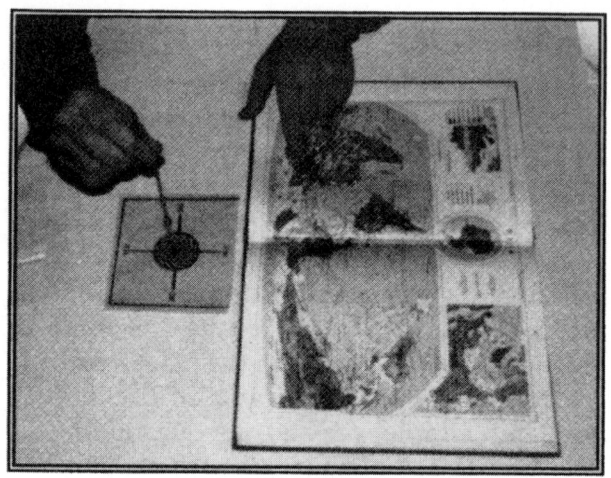

Jedes radiästhetische Hilfsmittel, auch ein Pendel, kann uns helfen, Zeit und Ort eines früheren Lebens herauszufinden, das uns gegenwärtig beeinflusst.

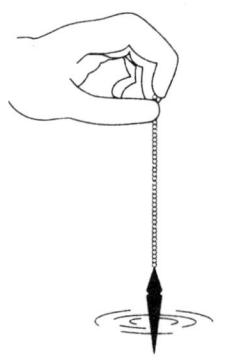

600 n. Chr.	700 n. Chr.	800 n. Chr.	900 n. Chr.	1000 n. Chr.	1100 n. Chr.	1200 n. Chr.

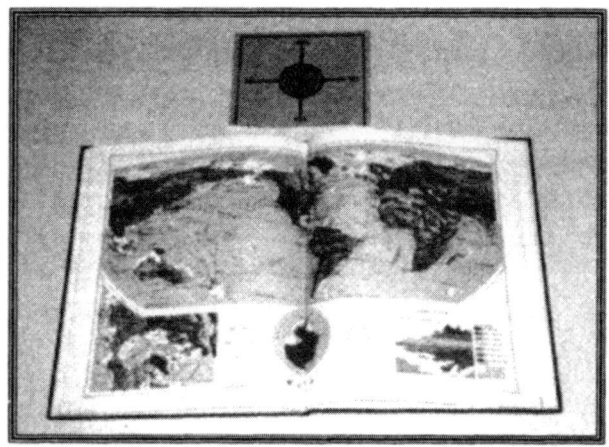

In Verbindung mit Landkarten, Tabellen und Zeittafeln
können Sie die L-förmige Rute einsetzen, um Ihnen in
etwa Raum und Zeit eines früheren Lebens zu zeigen, das
sich in der Gegenwart auf Sie auswirkt. Gestalten Sie sich
Karten und Zeittafeln so, daß Sie damit Ort und Zeit
dann Schritt für Schritt einkreisen können. Mit etwas
Übung werden Sie so mit Hilfe von Rute oder Pendel das
subtile Zusammenspiel früherer Leben erkennen können.

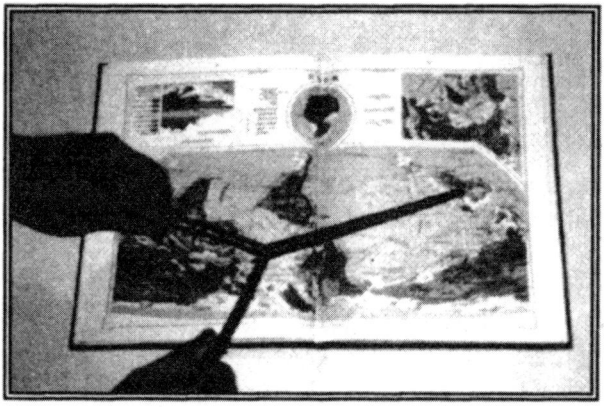

daß Sie während Ihrer Sitzung ungestört sind und sich wirklich konzentrieren können. Hier folgt der Ablauf im einzelnen:

1. Beginnen Sie, indem Sie die L-Rute bitten, in die *Richtung* eines vergangenen Lebens zu zeigen, das Sie heute betrifft. Grenzen Sie anschließend die Möglichkeiten ein, indem Sie die genaueren Karten verwenden.
2. Als nächstes bestimmen Sie den *Zeitrahmen* des Lebens, das Sie in der Region gelebt haben, welche Sie lokalisiert haben. Sie können dazu eine Zeittafel verwenden oder einfach bestimmte Fragen stellen, sobald Sie das Jahrhundert herausgefunden haben. Wenn Sie mittels der Rute beispielsweise ein Leben im Frankreich des 14. Jahrhunderts gefunden haben, halten Sie beide L-Ruten und stellen Fragen wie: »Wurde ich 1310 geboren?«, »1320?« usw. Denken Sie daran, daß Rute und Pendel nur auf Ja-oder-Nein-Fragen antworten können.
3. Als nächstes erforschen Sie mit Fragen die *Details* jenes Lebens:
   • War ich eine Frau oder ein Mann?
   • War ich reich?
   • War ich verheiratet?
   • Hatte ich eine Familie?
   • Hatte ich ein Kind? Zwei Kinder? Drei?
   • Habe ich meinen Lebensunterhalt mit einem Gewerbe bestritten?
   • Gibt es Familienmitglieder von damals in meinem *heutigen* Leben?
   • Gehören sie zu meiner jetzigen Familie?
   Stellen Sie so viele Fragen und werden Sie so konkret wie möglich. Schreiben Sie die Antworten in Ihrem Tagebuch früherer Leben auf. Mit etwas Übung werden Sie

Orte, Zeiten und Menschen aus Ihrer Vergangenheit, die in Ihrem jetzigen Leben eine Rolle spielen, identifizieren können. Sie werden – falls vorhanden – mit Ihnen verbundene Lektionen identifizieren können.

4. Eine solche Erforschung früherer Leben wird nicht auf alle Fragen eine Antwort geben können, aber sie wird genügend Informationen hervorbringen, damit Sie durch Meditation und gedankliches Nachspüren viele Aspekte Ihres gegenwärtigen Lebens in eine neue Perspektive rücken können.

Die Erkundung früherer Leben mit dem Pendel

Der Pendel hat sich aus der radiästhetischen Tradition entwickelt. Ein Pendel funktioniert auf die gleiche Weise und nach denselben Prinzipien wie alle anderen radiästhetischen Instrumente. Das Schwingen des Pendels liefert Hinweise auf Antworten des Unterbewußtseins.

Pendel können aus einfachen Gegenständen hergestellt werden, die in jedem Haushalt zu finden sind. Knöpfe, Ringe und Kristalle finden häufig Verwendung. Die besten Pendel sind jedoch rund, zylindrisch oder kugelförmig. Sie funktionieren am besten, wenn sie zudem eine symmetrische Form haben. Auf der Abbildung auf Seite 160 finden Sie vier Beispiele für ganz gewöhnliche, einfache Pendel.

Der Gegenstand wird an einem Faden, einer Schnur, einer feinen Kette oder ähnlichem aufgehängt. Der Pendel muß frei hängen und genügend Gewicht haben, um zu schwingen, damit es funktioniert.

Das Erlernen des Umgangs mit einem Pendel – oder

Gewöhnliche Pendel

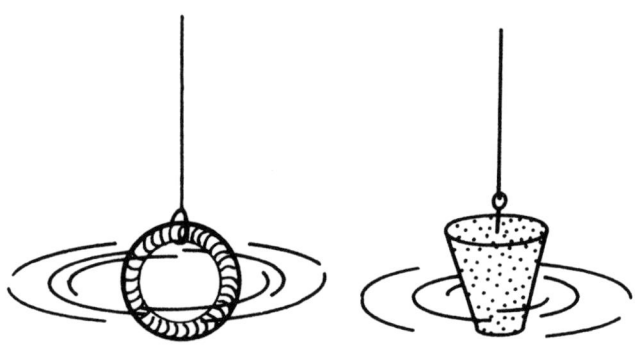

Einfacher Ring am Faden   Korken, Nadel und Faden

Quarzkristallpendel   Pendel aus Halskette mit Anhänger

jedem anderen radiästhetischen Instrument – ist denkbar
einfach. Es erfordert lediglich etwas Zeit und die Möglichkeit, an einem ruhigen Ort zu üben. Der erste Schritt ist, ein
Gefühl für den Pendel zu bekommen. Setzen Sie sich an
einen Tisch oder Schreibtisch. Stellen Sie Ihre Füße fest auf
den Boden. Lassen Sie Ihren Ellenbogen auf der Tischplatte
ruhen. Halten Sie den Pendel am Ende der Kette zwischen
Daumen und Zeigefinger wie auf der Abbildung auf Seite
156. Lassen Sie es für ein paar Momente einfach baumeln,
um das Gewicht zu spüren. Nun lassen Sie es sanft im Uhrzeigersinn kreisen. Halten Sie es an, und lassen Sie es dann
entgegen dem Uhrzeigersinn kreisen. Als nächstes lassen Sie
es vor und zurück, seitlich und diagonal schwingen. Ge-
wöhnen Sie sich an das Gefühl.

Der nächste Schritt besteht darin, den Pendel so zu programmieren, daß es so reagiert, wie Sie es möchten. Ebenso
wie Sie bestimmt haben, welche Bewegungen bei der L-
Rute *Ja* und *Nein* bedeuten, müssen Sie es bei dem Pendel
tun: Entscheiden Sie sich, ob die Vor-Rück-Bewegung ein Ja
und die seitliche ein Nein bedeuten soll oder umgekehrt.
Sagen Sie sich:»Wenn ich eine Frage stelle, und die Antwort ist ›Ja‹, wird der Pendel nach … [Richtung] ausschla-
gen.« Tun Sie dasselbe für die»Nein«-Antwort.

Nehmen Sie sich täglich ein paar Minuten Zeit, und experimentieren Sie mit Ihrem Pendel. Denken Sie daran: Sie
programmieren so Ihr Unbewußtes, sich durch die Bewegung des Pendels verständlich zu machen und brauchbare
Informationen zu liefern. Die Richtung der Bewegung hat
dabei ebenso Bedeutung wie die Intensität und die Geschwindigkeit.

Für die Erkundung früherer Leben sollten Sie die Karten,
Zeittafeln und Tabellen auf dieselbe Weise benutzen, wie
Sie dies bei der L-Rute getan haben. Halten Sie den Pendel

über eine Weltkarte, und stellen Sie die Frage: »Habe ich
hier ein früheres Leben gelebt, das auf mein heutiges Leben
einwirkt?« Konzentrieren Sie sich auf die Frage. Wiederholen Sie sich die Frage bei Ihrer Arbeit immer und immer
wieder. Die Richtung, in die der Pendel ausschlägt, wird
Ihnen die Antwort geben. Wenn der Pendelschwung nicht
stark oder eindeutig genug ist, halten Sie den Pendel einfach über jeden einzelnen Kontinent und stellen die Frage:
»Hatte ich hier ein früheres Leben, das mich gegenwärtig
betrifft?« Grenzen Sie dann weiter ein, indem Sie auf dem
Kontinent das Land auspendeln usw.

Daten können auf dieselbe Weise bestimmt werden. Sobald Ort und Zeit eines früheren Lebens einmal bestimmt
sind, können Sie weitergehende Fragen stellen, ebenso wie
Sie es mit den L-Ruten getan haben. Konzentrieren Sie sich
auf bestimmte Themen, versuchen Sie, spezifische proble-
matische Muster, ihre Ursachen sowie deren mögliche
Lösungen herausfinden. Stellen Sie Fragen wie schon unter
Punkt 3 auf Seite 158. Mit etwas Übung wird es Ihnen gelingen, Zusammenhänge aus früheren Leben zu lokalisieren
und festzustellen, wie diese in ihr gegenwärtiges Leben hineinspielen. Schreiben Sie die Ergebnisse in Ihrem Tagebuch
früherer Leben auf.

9
Übergänge:
Geburt und Tod

Jede Erörterung früherer Leben wäre unvollständig, wenn man nicht auch die beiden größten Mysterien unseres Daseins einbeziehen würde: Geburt und Tod. Geburt und Tod sind die größten Verwandlungen, die wir durchlaufen, doch sie sind nicht die einzigen. Wandel vollzieht sich auf vielen Ebenen und zu vielen Zeiten in unserem Leben. Veränderungen sind ein Segen für uns. Sie sind Signale für neues Wachstum. Doch wir müssen auf allen Ebenen für unser eigenes Leben und für die Umstände, in denen wir leben, volle Verantwortung übernehmen, um den Segen in einer Veränderung sehen und schätzen zu können.

In vielen alten Kulturen war eine symbolische Form von Geburt und Tod Bestandteil von Initiationsprozessen – als Übergangsritus. Ein Adept der Mysterien starb am Ende eines Abschnitts seines Lebens einen symbolischen Tod, um in einen neuen Abschnitt hineingeboren zu werden. Dies war eine Initiation, ein Übergang in Neues. Wiedergeburt gab es nicht ohne Tod.

Ein Initiationsritual kann die Feier eines Übergangs von einem Lebensabschnitt in einen anderen sein. Manche Varianten alter Übergangsriten werden noch heute bei uns begangen. Das jüdische Fest Bar Mitzvah ist ein Beispiel für einen Initiationsritus eines Knaben ins Mannesalter. Taufen

und Segnungen zur Geburt sind solche Übergangsrituale.
Sie würdigen und erkennen den Übergang vom Geistigen
ins Physische an. Auch Beerdigungen gehören dazu, indem
sie der Seele wiederum ermöglichen, den Übergang vom
Physischen zurück zum Geistigen zu vollziehen. Letztlich
kann unsere gesamte Zeit auf der physischen Ebene als ein
ausgedehntes Übergangsritual gesehen werden. Wir alle
werden immer wieder herausgefordert, Altes hinter uns zu
lassen und Neues zu schaffen. Jeder von uns wird ständig
durch die Umstände seines Lebens gefordert, neue Aspekte
der universalen Lektion von Leben und Tod zu lernen. Wir
alle sind dabei, zu lernen, das Alte aufzugeben und das
Neue zu initiieren, und so kann jedes physische Leben als
ein Initiationsritual zu einer neuen, höheren Stufe gesehen
werden.

Wenn wir die Gelegenheiten nutzen wollen, die eine solche Erfahrung in der physischen Welt, im Körper, mit sich
bringen kann, müssen wir unsere Wahrnehmung des Lebens und seiner Abläufe erweitern. Wir müssen anfangen,
die Welt als pure Energie in verschiedener Gestalt zu sehen.
Wir müssen lernen, wie Energie in unserem Leben wirkt.
Wir müssen erkennen, daß wir in unserem innersten Wesen
Geist sind. Wenn wir etwas so Großartiges tun können wie
einen physischen Körper annehmen, dann können wir ganz
gewiß auch lernen, mehr Liebe, Wohlstand, Erfüllung und
Fülle zu manifestieren in der kurzen Zeit, die wir jeweils
auf Erden haben.

Der Körper ist nicht die ganze Person. Er ist ein Vehikel,
ein Gefährt sozusagen für unsere Seele – und dennoch ist er
von wesentlicher Bedeutung, denn er ist Brennpunkt und
Nutznießer unserer Gedanken, Taten, Handlungen und
Emotionen. Seine Gesundheit und seine Fähigkeiten hängen
davon ab, ob wir in rechter Weise mit ihm umgehen und

für ihn sorgen – in jedem Leben aufs neue. Wir setzen den physischen Körper ein, um uns in unserer Evolution zu unterstützen.

Die Grundlagen unserer physischen, emotionalen, mentalen und spirituellen Gesundheit werden bereits vor unserer Geburt gelegt – ja, sogar vor der Empfängnis. Das Kind wird in ein bestimmtes Heim, ein Umfeld hineingeboren, das von dem Wahrnehmungshorizont der Eltern geprägt ist, von Herkunft und Umwelt, von karmischen Verbindungen zu früheren Leben sowie durch die Kraft von Gebet, innerer Haltung und Meditation.

Der Prozeß von Geburt und Sterben ist sehr komplex. Wir müssen ihn mehrmals durchlaufen und erfahren, bevor wir unser höchstes Potential verwirklichen können. Wir wählen eine Umgebung für unsere Geburt aus, die für uns eine Herausforderung ist und uns lehren kann, wie wir in der Welt schöpferisch werden können, entsprechend dem uns innewohnenden Göttlichen. Erst dann werden wir uns auf die nächste Aufgabe vorbereiten.

Unsere Entwicklung und unser Wachstum folgen nach dem Augenblick der Empfängnis zwei Entwicklungslinien. Wir beginnen uns vom Körper aufwärts und vom Geist abwärts zu entwickeln. (Siehe Abbildung auf Seite 13.) Wir alle sind Zwillingswesen, unsterblicher Geist in einem sterblichen Körper.

Obwohl wir als Kinder in diese Welt gekommen sind, ist unser wahres Selbst weise und hoch entwickelt. Dieser spirituelle Aspekt ist das Ergebnis des Reichtums an gemachten Erfahrungen, der weitgehend durch immer wieder neue Geburten in einem anderen physischen Körper zustande gekommen ist. Die Früchte dieser früheren Leben werden zum ewigen Besitz der Seele. Mit jeder neuen Inkarnation bringen wir den Keim jener Fähigkeiten mit uns.

Diese Fähigkeiten müssen jedoch erst wieder in uns geweckt, entwickelt und dann erweitert werden, während wir gleichzeitig daran arbeiten, neue Fähigkeiten zu erwerben.

Sie wissen schon: Wenn Sie in der Vergangenheit eine Fähigkeit oder Eigenschaft erworben haben, heißt das noch lange nicht, daß diese auch in der Gegenwart leicht und sofort aktiviert werden kann. Sie ist lediglich ein Samenkorn, das Sie in jede Inkarnation mitbringen und das zu neuem Wachstum angeregt, gehegt und gepflegt werden muß. Selbstverständlich haben wir einen *freien Willen*, und so liegt es vollkommen an uns, ob wir dieses Samenkorn aufgehen lassen wollen oder nicht.

Dies ist vergleichbar mit einem Menschen, der als Kind einen Handstand-Überschlag gelernt hat. Sobald er aber die Übung beherrschte, hörte er auf, sie zu machen, zu trainieren oder diesen Überschlag zu erweitern. Wenn er nun dreißig Jahre später wieder diesen Überschlag versucht – in der Meinung, es sei leicht, weil er diese Übung ja als Kind schon gemacht hätte –, dann ist das gar nicht so einfach, und das Verletzungsrisiko ist dabei enorm. Jede Fähigkeit, die in der Vergangenheit entwickelt wurde, muß wiedererworben, gestärkt und den gegenwärtigen Bedingungen entsprechend zum Ausdruck gebracht werden.

Natürlich gibt es Ausnahmen! Wir sehen dies häufig bei hochbegabten Kindern, vor allem bei den sogenannten »Wunderkindern«. Doch selbst in diesen Fällen muß es immer noch Entwicklung geben, Disziplin, Fleiß und Kultivierung des Ausdrucks. Wenn wir ein Kind anschreien, es sei häßlich und dumm und schwerfällig, hat es zwei Möglichkeiten zu reagieren: Es kann sich entweder zurückziehen und niemals sein volles Potential verwirklichen, oder es wird der Schrecken seiner Umgebung werden. Wenn wir demselben Kind sagen, daß wir es lieben, daß es schön ist und daß es dazugehört, Fehler zu machen, wenn wir wachsen und lernen, dann ist das Potential, das sich da entfalten kann – die Früchte der Vergangenheit, die sich manifestieren könnten –, gewaltig.

Unsere Vergangenheit können wir nicht mehr ändern, aber die Zukunft wird durch unsere gegenwärtige Zeit auf Erden geprägt. Geburt und Tod sind die Riten, die den Durchgang durch unsere physische Existenz beginnen bzw. beenden. Wenn wir unsere Einstellung zu Geburt und Tod ändern können, werden wir uns selbst, unsere Welt und unser angeborenes, unbegrenztes Potential mit neuer Ehrfurcht betrachten. *Wenn wir unsere Vorstellungen verändern, verändern wir unsere Welt!*

Die Mysterien der Geburt [7]

Und eine Frau, die einen Säugling an der Brust hielt, sagte:
Sprich uns von den Kindern.
Und er sagte:
Eure Kinder sind nicht eure Kinder.
Sie sind die Söhne und Töchter der Sehnsucht des Lebens nach sich selbst.
Sie kommen durch euch, aber nicht von euch.

---

[7] Viele esoterische Gruppen, Hellseher und Propheten haben die verborgenen und feinstofflichen Aspekte von Geburt und Tod beschrieben. Obwohl diese noch nicht beweisbar sind, erklären sie doch vieles von dem, was häufig unerklärbar war. Diese spirituellen Aspekte bieten uns eine andere Perspektive auf die großartigen Wunder dieser Mysterien, und sie helfen uns, die dynamischen Prozesse zu verstehen, die Bestandteil der Reinkarnation sind. Diese Beschreibungen sind eine Synthese aus verschiedenen Lehren zu diesem Thema. Für weitergehende Informationen schauen Sie bitte ins Literaturverzeichnis.

Und obwohl sie mit euch sind, gehören sie euch doch nicht.
Ihr dürft ihren Körpern ein Haus geben, aber nicht ihren
  Seelen,
Denn ihre Seelen wohnen im Haus von morgen, das ihr
  nicht besuchen könnt, nicht einmal in euren Träumen.
Ihr dürft euch bemühen, wie sie zu sein, aber versucht
  nicht, sie euch ähnlich zu machen.
Denn das Leben läuft nicht rückwärts, noch verweilt es im
  Gestern.[8]

Im Augenblick der Empfängnis beginnt die spirituelle
Essenz daran zu arbeiten, sich auf das einzustimmen, was
schließlich der physische Körper sein wird. Die Energie
unserer spirituellen Essenz ist weitaus zu intensiv, um sich
unmittelbar mit etwas Physischem verbinden zu können.
Daher geschieht dies im Verlauf der neunmonatigen
Schwangerschaft in mehreren Stufen. Feinstoffliche Energieschichten werden um die seelische Essenz herum gebildet,
um ihre Einwirkung auf den physischen Körper zu filtern
und abzuschwächen, damit sie – mehr oder weniger genau
zum Zeitpunkt der Geburt – sich leichter einfügen und in
ihn integrieren kann.

Dies wird mit Hilfe der Unterstützung jener Wesen vollzogen, die oft als die »Hierarchie der Engel« bezeichnet
wird. Diese Gruppe schließt Erzengel, Engel, Devas, Naturgeister und Elementargeister ein, ist aber nicht auf sie beschränkt. Die meisten Menschen verbannen diese Wesen
immer noch in den Bereich von Dichtung und Märchen, besonders in der heutigen Zeit des intellektuellen und wissen-
schaftlich Denkens.

---

[8] Aus *Der Prophet* von Kahlil Gibran, Walter Verlag, Solothurn und
Düsseldorf 1995.

Die Hierarchie der Engel ist ebenso real wie wir, nur haben sie keinen physischen Körper. Ihr Körper ist aus leichtem Stoff und für unsere eingeschränkte Wahrnehmung überwiegend unsichtbar. Wir existieren in einem lebendigen Universum, und das meiste Gute, das wir kennen – sei es die Schönheit der Natur, das Geschenk der Geburt oder die Wunder und Segnungen des Lebens –, verdanken wir diesen Wesenheiten.

Die Menschheit ist selbstgefällig und eingebildet. Wir gefallen uns in dem Glauben, daß wir die höchstentwickelten Lebewesen sind. In der Tat haben wir einen göttlichen Funken in uns, doch haben dies unzählige andere Lebensformen ebenso. Viele davon bringen diesen göttlichen Funken weitaus strahlender und beständiger zum Ausdruck, als wir es tun. Unser Bewußtsein wird erweitert, wenn wir einmal in Erwägung ziehen, daß es Wesenheiten gibt, die zwar physisch anders in Erscheinung treten als wir, aber mit uns den göttlichen Mächten des Universums dienen. Die Wunder und Mysterien des Lebens – des physischen und spirituellen – eröffnen sich uns, wenn wir lernen, sowohl die sichtbaren als auch die unsichtbaren Reiche zu erkennen und mit Ehrfurcht und Liebe zu betrachten.

Bei der Geburt helfen uns diese Wesen, unsere neuen Körper zu bilden, die feinstofflichen wie auch den physischen, und sie helfen unserer Seele, sich mit diesem neuen Körper zu arrangieren. Beim Tod helfen sie uns, uns aus dieser physischen Hülle zurückzuziehen und ihre Form und Energie wieder aufzulösen.

Ihre ersten Aufgaben beginnen bereits bei der Empfängnis. Eine Schutzsphäre wird um das sich entwickelnde Embryo gebildet. Der Mutterleib ist magnetisiert und eingestimmt. Die Schwingungen des Energiesystems der Mutter, besonders im Bereich der Gebärmutter, müssen mit der

DAS CHAKRA-SYSTEM

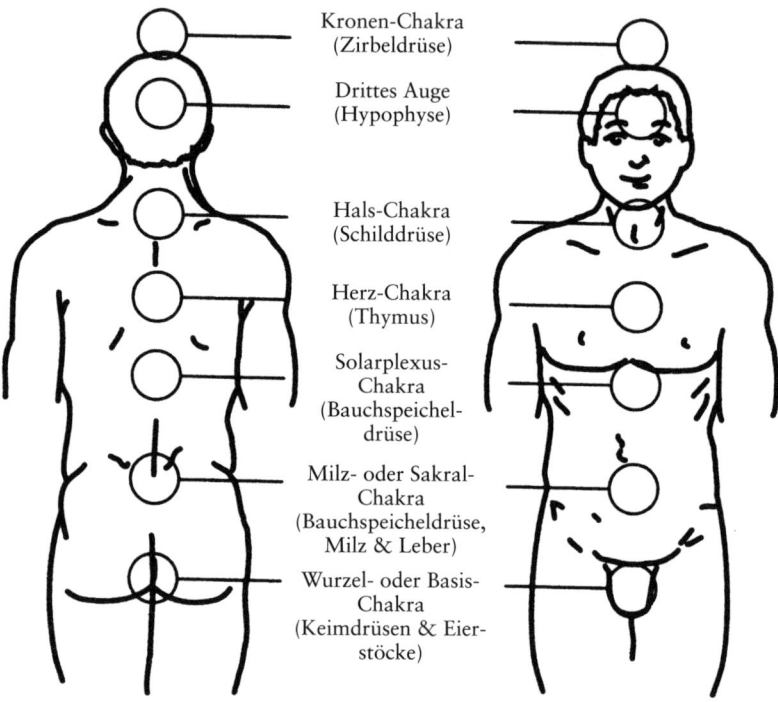

Kronen-Chakra
(Zirbeldrüse)

Drittes Auge
(Hypophyse)

Hals-Chakra
(Schilddrüse)

Herz-Chakra
(Thymus)

Solarplexus-
Chakra
(Bauchspeichel-
drüse)

Milz- oder Sakral-
Chakra
(Bauchspeicheldrüse,
Milz & Leber)

Wurzel- oder Basis-
Chakra
(Keimdrüsen & Eier-
stöcke)

Die Chakras vermitteln alle Energien innerhalb des Körpers sowie die Energie, die im Körper ein- und ausgehen. Sie helfen, die Energie für unsere physischen, emotionalen, mentalen und spirituellen Funktionen zu verteilen.

Die Chakras sind auf eine besondere Keim-Ebene der Körperfunktionen eingestimmt, je nach dem Karma früherer Leben. Es ist die Aufgabe jedes einzelnen, diese Ebene wieder zu aktivieren und darauf aufzubauen.

Energie der Seele, die in die Inkarnation strebt, harmonisiert werden. Bis dies geschehen ist, wird die werdende Mutter unter der morgendlichen Übelkeit leiden.

Die Qualität dieser Harmonie, die in der Sphäre um Mutter und Kind hergestellt werden kann, hilft zum großen Teil die Eigenarten der physischen Gestalt zu bestimmen. Dies wird darüber hinaus von den Gesetzmäßigkeiten des Karmas und der Genetik bestimmt. Wenn daher die Seele entschieden ist, etwas bestimmtes Physisches während dieser kommenden Inkarnation auf sich zu nehmen, kann in dem entsprechenden Bereich eine Veranlagung oder eine Schwäche entstehen. Das heißt nicht, daß es sich auch wirklich manifestieren wird. Es kann bei einer Andeutung bleiben, lediglich einer physischen Mahnung an die Seele, daß irgendwo ein Ungleichgewicht besteht.

Das Chakra-System wird an das Drüsen- und Nervensystem angepaßt, ebenso wie an die Bewußtseinsebenen. Die Chakras sind das Bindeglied sämtlicher in den Körper hinein- und herausfließenden Energien. Sie binden die feinstofflichen Körper an den physischen, so daß die Integration der wahrhaft spirituellen Essenz stattfinden kann.

Jedes Chakra ist auf spezifische Funktionen und im Keim angelegte Fähigkeiten abgestimmt, entsprechend dem Karma des Individuums. Auch hier wird die Einstimmung der spirituellen Essenz in die physische Welt und ihre Integration mit dem Körper unterschiedlich sein – je nachdem, was in der Vergangenheit bereits erreicht wurde, welche Lektionen für die Gegenwart ausgewählt wurden usw. Die Parameter wurden in der Vergangenheit festgelegt. Ob sie so bleiben, ob sie sich zurückentwickeln oder ob sie weiterentwickelt und erweitert werden, wird von anderen Faktoren abhängen, denen man begegnet, wenn die Inkarnation stattgefunden hat.

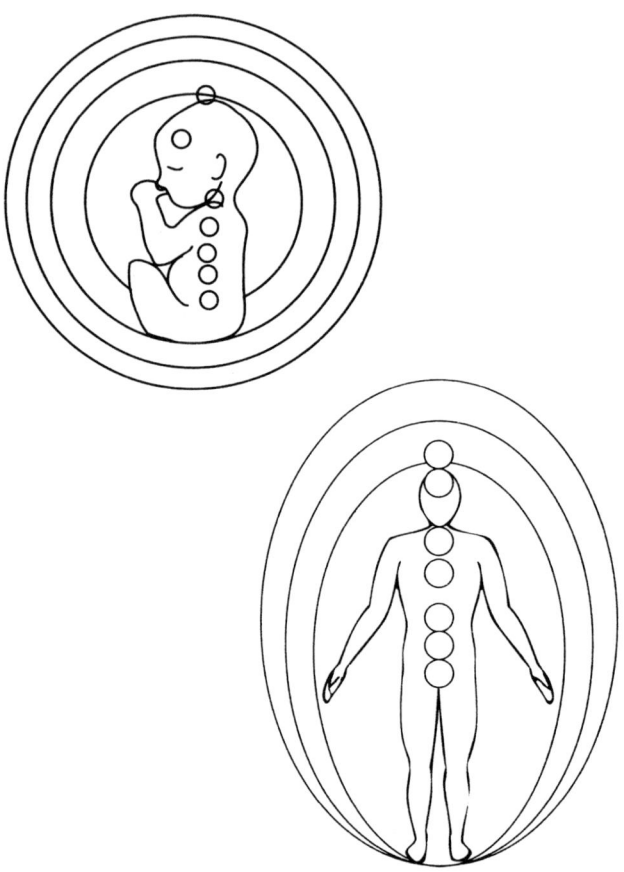

Je nach genetischer Veranlagung, Karma und dem, was wir in dieser Inkarnation auf uns zu nehmen beschlossen haben, entwickeln sich die Chakras und unsere feinstofflichen Körper und richten sich in unterschiedlichem Grad von Harmonie auf den physischen Körper aus. Diese Ausrichtung spiegelt die physischen, emotionalen, mentalen und spirituellen Schwächen, Fähigkeiten und Möglichkeiten wider, mit denen wir zu arbeiten lernen müssen. Während wir wachsen und uns entwickeln, können wir unsere Energien aktivieren und vollkommener ausrichten. Dadurch ermöglichen wir es der bei der Geburt mitbekommenen »Saat«, aufzugehen und zu erblühen.

Diese Ausrichtung und innere Übereinstimmung ist das uns innewohnende Potential: Wir sollten uns jedoch daran erinnern, daß wir in die physische Welt kommen, um unsere Fähigkeit zu erproben, unter den verschiedensten Umständen ausgeglichen und kreativ zu bleiben. Diese Ausrichtung kann daher leicht zum Guten oder zum Schlechten verändert werden. Unabhängig von unserer vergangenen Entwicklung muß jeder Mensch sich immer noch selbst die Bedingungen erarbeiten, die notwendig sind für ein höheres Bewußtsein und eine höhere Initiation. Das heißt, es ist an uns, diese Energiepotentiale wieder zu aktivieren, neu zu entwickeln und auf noch höheren Ebenen zum Ausdruck zu bringen.

Die ersten drei Monate der Schwangerschaft sind geprägt durch das Einstimmen und das Bilden der physischen Form für den Embryo, entsprechend seinem einzigartigen individuellen Lebenszweck. Diese Periode beinhaltet auch die Bildung einer schützenden Hülle gegenüber von außen eindringenden Energien.

Während sich dies alles auf der physischen Ebene abspielt, bildet die spirituelle Essenz (unterstützt durch die Hierarchie der Engel) die feinstofflichen Körper, die ihre intensive Schwingung filtern und die endgültige Vereinigung mit dem physischen Körper ermöglichen soll. Vom Moment der Empfängnis an formt sich eine Verbindung zwischen unserer spirituellen Essenz und unserer sich entwickelnden physischen Hülle. Diese Verbindung verstärkt sich im Verlauf der neunmonatigen Schwangerschaft.

Während der ersten vier Monate ist ein Teil der Engels-Hierarchie damit beschäftigt, die Mutter vor widrigen Umständen zu beschützen. Da das Embryo die Energie der Mutter teilt, ist dies um so wichtiger. Die Naturgeister helfen dabei, das Embryo mit vitaler Lebensenergie zu erfüllen. Dies geschieht oft dann, wenn das Kind im Mutterleib zu strampeln beginnt. Abgesandte der Engelshierarchie kommen näher und umgeben die Mutter mit einem schützenden Kreis. Daher rührt bei werdenden Mütter jene besonders »strahlende« Erscheinung.

Vom fünften bis zum achten Monat findet eine direktere Ausrichtung der spirituellen Essenz auf das Embryo statt. Dies ist eine Zeit, in der sich die Kommunikation von Mutter und Vater mit dem Kind im Mutterleib verstärken sollte, weil es nun dafür empfänglicher wird. Im achten Monat hat sich bereits ein erheblicher Teil des Bewußtseins auf den physischen Körper eingestimmt. Dies wird nun von Tag zu Tag mehr.

Im Falle einer Frühgeburt findet die Entwicklung und Ausrichtung *außerhalb* des Körpers der Mutter statt. Die Engelshierarchie und die Naturgeister sind bestrebt, die begonnene Ausrichtung außerhalb der schützenden Hülle der Gebärmutter zu vollenden. Daher erhöht sich die Zahl der Geister und Engel, und ihre Bemühungen verstärken sich. Dies kann eine gute Erklärung sein für die häufig beobachtete »feenartige« Ausstrahlung frühgeborener Kinder.

Kurz vor der Geburt ziehen sich die Engel und Naturgeister zurück. Ihre Bemühungen sind nun darauf konzentriert, die feinstofflichen Körper durch den Geburtsschmerz hindurch zu stabilisieren. Die vollständige Vereinigung der spirituellen Essenz mit dem neuen physischen Körper kann zwar jederzeit nach der Empfängnis stattfinden, doch meistens tritt sie um den Zeitpunkt der Geburt herum ein. Sobald der erste Atemzug getan ist und der Körper sich von der Mutter getrennt hat, ist ein eigenes Wesen zur Welt gekommen, das seine individuelle, einzigartige Arbeit beginnt. Noch ein paar Worte zur Schwangerschaft:

Während der Schwangerschaft schwebt die Seele über

der Mutter und dem sich entwickelnden Körper, während die Abgesandten des Engelreichs daran arbeiten, eine neue Gelegenheit zur Inkarnation vorzubereiten. Je mehr wir dies beachten, desto mehr Achtsamkeit wird für die in die Inkarnation strebende Seele erwachsen. Mutter und Vater sollten ihren Träumen während der Schwangerschaft viel Aufmerksamkeit schenken, weil diese häufig Informationen aus früheren Leben und Verbindungen zu dieser sich wieder inkarnierenden Seele offenbaren.

Gebet, Meditation und Gespräch sollten während der gesamten Schwangerschaft die inkarnierende Seele begleiten. Heißen Sie als Eltern diese Seele willkommen, und senden Sie ihr liebevolle Gedanken. Beziehen Sie die Engel und Naturgeister ein, die bei dem Prozeß behilflich sind, gleich, ob Sie sich ihrer Gegenwart bewußt sind oder nicht. Variieren Sie die vorangegangenen Meditationen zu früheren Leben, um Ihre Beziehung zu diesem neuen Kind zu erforschen. Schauen Sie einfach in das Bild aus der Übung »Galerie des Schicksals«, und lassen Sie das Bild des neuen Kindes hinter Ihrem eigenen entstehen. Stellen Sie sich vor, wie das Bild der Vergangenheit zu einem der Gegenwart wird, in dem Sie dieses Kind liebevoll umarmen. Dies wird Ihnen helfen, das Wesen des ankommenden Kindes sowie die Verbindungen zu verstehen, die Sie in einem früheren Leben mit ihm hatten. Es wird die Schönheit, das Wunder und die göttliche Natur der Schöpfung lebendig erhalten.

Das Mysterium des Todes

Der Tod ist ein unergründliches Mysterium, symbolisiert durch die düstere Gestalt in der Mönchskutte. Mythen zeigen den Tod als Gevatter Tod, den Sensenmann oder den apokalyptischen Reiter. Der Tod kommt in vielen Masken, und doch hat er, richtig verstanden, den Schlüssel zur Unsterblichkeit.

Die Menschheit ist dem Tod immer mit großem Respekt und Furcht begegnet. Alle frühen Kulturen hatten ihre Riten und Vorstellungen zum Thema »Tod und Sterben«. Viele alte Religionen pflegten besondere Rituale, um dem Sterbenden zu helfen, seinen Weg durch die Schleier des Todes zu finden. Die Ägypter und die Tibeter begruben ihre Toten zusammen mit aufgezeichneten »Reiseführern« für das Jenseits, damit sie ihren Weg durch die Unterwelt fänden.

Menschen haben schon immer Angst vor dem Tod gehabt. Der Tod ist der große Unbekannte, der uns von unseren Lieben trennt. Die Menschen fürchten den Tod, weil er ihre Karriere, ihre Ziele und ihre Wünsche zu einem abrupten Ende bringen könnte. Die Menschen fürchten den Tod aber auch aus religiösen Gründen: Ins Fegefeuer geworfen oder gar in die ewige Hölle verbannt zu werden trägt auch nicht gerade dazu bei, diese Urangst zu vertreiben.

Durch die Auseinandersetzung mit der Reinkarnation erkennen wir, daß der physische Körper nicht mehr ist als ein temporäres Zuhause für unser wahres Selbst. Der Tod bedeutet nicht das Sterben des Selbst oder das Ende unseres Geistes. Der Tod ist die Trennung des höheren vom niederen Prinzip in uns. Er ist das Abstreifen des Physischen, damit wir unser Gelerntes assimilieren und uns auf noch größere Lektionen vorbereiten können.

Der Tod hat viele Funktionen. Er bietet uns Befreiung von der Bürde des Fleisches. Er bietet uns eine Befreiung vom Leiden. Er bietet Gelegenheiten zum Lernen für diejenigen, die zurückbleiben. Er bietet die Möglichkeit, sich zu höheren Bewußtseinszuständen weiterzuentwickeln.

Es gibt zwei Arten von Tod, den natürlichen und den unnatürlichen. Ein natürlicher Tod ist ein allmähliches Ablösen des Energiegewebes der Seele vom physischen Körper. Ein natürlicher Tod vollzieht sich, wenn das Karma der Inkarnation erfüllt ist. Er ist immer friedlich.

Die zweite Art des Überganges ist der unnatürliche Tod. Dies ist der Tod, bei dem Krankheit, Leiden, Unfall, Selbstmord usw. eine Rolle spielen. Er kann friedlich oder unfriedlich sein. Aufgrund von Krankheit zu sterben kann zumeist nicht als natürlicher Tod bezeichnet werden, wenngleich es da Ausnahmen gibt. Krankheit und Leiden sind häufig Ausdruck eines Ungleichgewichtes oder einer Disharmonie in bestimmten Aspekten des betreffenden Lebens.

Wir alle können lernen, das physische Leben bei vollem Bewußtsein zu verlassen. Es wird häufig gesagt, daß der Adept so stirbt, wie er gelebt hat – gelassen und freudig. Obwohl einige Leute dies für morbide halten mögen, beginnt diese Einstellung mit einer einfachen Meditation über den Tod. Wenn man den Prozeß des Rückzugs aus dem Leben genauer betrachtet und visualisiert, wie man einmal seinen physischen und seine feinstofflichen Körper ablegen wird, kann dies eine große Hilfe sein. Nehmen Sie sich auch die Zeit, sich Ihr *nächstes* Leben auszumalen. Nehmen Sie sich gelegentlich die Zeit für eine Retrospektive Ihres Lebens: Beginnen Sie, wo Sie heute stehen, und schauen Sie zurück über die Ereignisse Ihres Lebens bis hin zu der Zeit Ihrer Geburt. Stellen Sie sich bildlich vor, wie Sie mit Ihren

Lieben zusammentreffen, die Ihnen vorausgegangen sind.
Sehen Sie den Tod als einen Übergang und nicht als ein
Ende.

Wenn der Zeitpunkt dieses Übergangs näherkommt, beginnt die Seele, sich auf ihren Rückzug vorzubereiten. Das
Enden des physischen Lebens löst den umgekehrten Prozeß
dessen aus, was sich bei der Gestaltwerdung nach der Empfängnis vollzogen hat. Das Bewußtsein zieht sich aus dem
physischen in die feinstofflichen Körper zurück, von denen
dann jeder einzelne nacheinander losgelöst und aufgelöst
wird.

Wie lange dies dauert, ist von Mensch zu Mensch unterschiedlich. Der erste Schritt ist das Loslösen von der physischen Ebene und das Anpassen an die ätherische Ebene.
Dies dauert gewöhnlich nur eine kurze Zeit. Jeder, der jemals an einer Beerdigung teilgenommen hat, bei welcher
der Tote aufgebahrt war, wird den sichtbaren Unterschied
im Aussehen des Körpers gesehen haben, der sich bereits in
einem Zeitraum von 24 Stunden vollzogen hat. Während
die feinstoffliche Lebensenergie sich loslöst und auf die
ätherische Ebene zurückzieht, wird die physische Hülle dies
deutlich widerspiegeln.

Obwohl die Seele nicht wieder vom physischen Körper
Besitz ergreifen kann, ist sie doch mit diesem Körper vertraut. Häufig bleibt sie daher, auch wenn sie sich bereits in
der ätherischen Energieschicht befindet, noch eine Weile in
der Nähe des physischen Körpers. Manchmal tut sie dies,
um die Zurückgelassenen zu trösten, und manchmal, weil
sie einfach noch nicht erkannt hat, daß sie nicht mehr Teil
des physischen Lebens ist. Im letzteren Fall kommt es vor,
daß verzweifelte Versuche unternommen werden, um den
Kontakt mit der physischen Ebene wieder herzustellen. In
solchen Fällen kommt es dann zu Spukphänomenen, »Ge-

spenstern auf dem Friedhof« oder Geistererscheinungen an
Orten, wo der Verstorbene lebte.

Keine Seele scheidet ohne Hilfe dahin. Wenn es sich um
einen friedvollen Abschied handelt, werden sich für gewöhnlich bereits zuvor »gegangene« Verwandte und nahestehende
Personen versammeln, um beim Übergang zu helfen.

Diejenigen, die keine Gelegenheit mehr haben, sich auf
den Tod vorzubereiten, wie etwa im Krieg oder durch Unfall, können sich manchmal für einen kurzen Zeitraum
reinkarnieren, um einen natürlicheren Übergang zu vollziehen. Ich habe dies als Theorie gehört, welche das Phänomen des Säuglingssterbens erklären soll.

Andere, die unerwartet von uns scheiden – durch Unfall
oder gar Selbstmord – erhalten Beistand. Eine Gruppe von
Engeln, denen man Namen wie die »Wächter« oder die
»Engel der Nacht« gibt, haben die Aufgabe, sicherzustellen, daß keine Seele ohne Beistand den Übergang vollziehen
muß. Diese Wesenheiten gelten als die liebevollsten aller
Engelswesen, weil diejenigen Menschen, die plötzlich sterben oder Suizid begehen, besonderer Liebe und Pflege bedürfen, um sich dem, was geschehen ist, stellen zu können.

Die meisten unserer Beerdigungsbräuche haben einen
esoterischen Hintergrund, der mit der Vorstellung von
einem Leben nach dem Tode zu tun hat. Die Seele bleibt,
wie gesagt, nach der Beendigung des physischen Lebens
noch eine Weile in der Nähe des physischen Körpers, um
alle Verbindungsfäden aufzulösen. Sie ist nun abgeschnitten
vom Prana, der Lebensenergie, die sie normalerweise durch
den physischen Körper von der Sonne bezieht. Nach dem
Tod bezieht sie die Energie aus anderen Quellen. Das ist der
Grund, warum man bei der Aufbahrung und Beerdigung
Kerzen und Blumen aufstellt. Diese liefern ausreichend
feinstoffliche Energien, damit die Loslösung vollendet wer-

den kann. Außerdem verhindern sie, daß Energie von den Hinterbliebenen abgezogen werden könnte.

Viele Menschen meiden Begräbnisse, weil diese mit seltsamen Gefühlen verbunden sind. Meistens haben diese Gefühle jedoch ihren Ursprung gar nicht in uns selbst. Gewöhnlich kommen sie aus einer von drei Quellen: Erstens zieht sich, während sich die Seele aus dem Physischen zurückzieht, auch der Erzengel zurück, der über diese Seele wacht. Dies erzeugt ein deutliches Gefühl der Leere. Außerdem werden die Elementarreiche aktiviert. Ihre Energie ist sehr stark und häufig sehr spürbar. Sie sind immer gegenwärtig und aktiv, wenn organische Materie belebt oder aufgelöst werden soll. Menschen spüren bei Beerdigungen häufig ihre Präsenz, ohne zu wissen, was es ist. Die dritte Quelle für eigenartige Gefühle bei einer Beerdigung ist die Präsenz derjenigen, die bereits dahingeschieden sind. Freunde, Verwandte und nahestehende Personen, die nicht mehr im Physischen sind, versammeln sich, um der neu verschiedenen Seele beizustehen und die noch im Physischen Hinterbliebenen zu trösten.

Obwohl Schwarz häufig als die Farbe des Todes gilt, hat sie eine isolierende Wirkung im positiven Sinne. Sie schützt und verhindert Überempfindlichkeit für das Spiel dieser feinstofflichen Energien bei Beerdigungen.

Während sich die Seele aus dem Physischen zurückzieht, beginnt sie den Prozeß der Bewertung und Assimilation der Lebenserfahrungen. Sie beginnt mit den Vorbereitungen, ein weiteres Mal zurückzukehren, um weitere Lektionen zu lernen. Sie wächst in der Gewißheit, daß wir nie von unseren Lieben getrennt sein werden. Wir beginnen zu begreifen, daß diejenigen, die unser Leben berührt haben, an unserem schöpferischen Werden mitgewirkt haben und für immer ein Teil von uns sein werden. Wir lernen, das Leben

mit Freude anzunehmen und dem Tod mit Staunen entge-
genzugehen.

»Wenn ich sterbe,
bin ich sicher, daß ich ein großes Begräbnis
haben werde ...
Neugierige ... werden kommen,
um zu sehen, ob ich wirklich tot bin ...
oder einfach nur Ärger machen will.«[9]

ÜBUNG:
SICH AUF DAS ANKOMMENDE KIND EIN-
STIMMEN

Die Zeit der Schwangerschaft ist eine hervorragende Gelegenheit, sich auf die hereinkommende Seele einzustimmen. Sie können viele Verbindungen aus früheren Leben
entdecken, ebenso wie Eigenschaften und Besonderheiten
des Kindes. Fangen Sie damit an, während dieser Zeit besonders auf Ihre Träume zu achten. Häufig in Träumen
wiederkehrende Gefühle können ein Hinweis auf die Art
der emotionalen Bindung zwischen Ihnen und Ihrem Kind
sein.

Im Moment der Empfängnis beginnt die Verbindung des
Kindes mit Mutter und Vater. Ihre Wahrnehmung dieses
Sich-Verbindens mag zuerst sehr vage und undeutlich sein,
doch sie wird während der Schwangerschaft deutlicher

---

[9] Evans, Mari E.: *The Rebel. Our Own Thing.* Prentice Hall, NJ
1973, S.156.

werden. Diese Zeit bietet eine ausgezeichnete Möglichkeit, die spirituelle Wahrnehmung zu schärfen. Die folgende Übung wird Ihnen dabei behilflich sein.

1. Stellen Sie sicher, daß Sie ungestört sind. Schalten Sie das Licht aus und schließen Sie die Augen. Rosenduft ist für diese Übung besonders förderlich. Entspannen Sie sich tief, z. B. mit der in den früheren Übungen detailliert beschriebenen progressiven Entspannung, und atmen Sie rhythmisch.

2. Diese Übung kann von Mutter oder Vater oder beiden Eltern gemeinsam durchgeführt werden. Wenn Sie die Übung gemeinsam machen, sollte die Mutter auf dem Boden sitzen, mit den Händen auf dem Bauch. Der Vater sollte direkt hinter ihr sitzen, und sie mit den Armen umfangen, wobei seine Arme auf den ihren liegen oder ebenfalls auf dem Bauch.

3. Während Sie sich so entspannen, sehen Sie ein sanftes Licht, das von Ihrem Herz-Zentrum aus zu leuchten beginnt. Wenn Sie diese Meditation gemeinsam mit Ihrem Partner machen, sehen Sie, wie die zwei Lichter leuchtend ineinanderfließen, immer stärker werden, sich vereinen und ineinanderverweben. Von diesem Licht geht eine duftige Wolke aus, schwebt vor Ihnen und nimmt langsam eine wunderschöne, leuchtende, weiß-goldene Form an. Sehen Sie dies als Ihre spirituelle Essenz.

4. Während Sie so dasitzen, beobachten Sie, wie diese fließende Form Gestalt annimmt und nach oben schaut, in den unendlich weiten Himmel hinein, so, als würde sie dort nach etwas suchen. Dann sehen Sie es. Zuerst ist es noch verschwommen, doch dann wird das weiße Licht oben am Himmel immer deutlicher. Sehen Sie, wie es sanft, fast strahlend und blinkend auf Sie herableuchtet …

5. Aus dem Licht heraus schwebt langsam eine zarte Wolke herab. Stellen Sie sich die Wolke bildlich vor. Malen Sie sich aus, wie sie aussieht. Sehen Sie, wie vollkommen und wunderschön sie ist, während sie herabschwebt. Sie ist wie eine kleine Seifenblase kristallförmiger Energie. Lassen Sie die Wolke in ihrem eigenen Tempo herabschweben. Versuchen Sie nicht, sie zu beschleunigen ...

6. Die Wolke schwebt vor Ihrer spirituellen Essenz ... Es gibt einen kurzen Austausch von Licht, wie eine Art Begrüßung, und dann bewegt sie sich neben Ihre spirituelle Essenz, wie um Sie zu beobachten. Sie schwebt, sanft mit einer wundervollen Energie pulsierend. Und Sie wissen, daß dies die spirituelle Essenz der Seele ist, die bald in Ihre Familie hineingeboren wird.

7. Betrachten Sie sie. Sehen Sie die Farben. Spüren Sie, welche Gefühle in Ihnen aufsteigen, während Sie sie beobachten. Stellen Sie in Gedanken dieser Seele, die gekommen ist, um Sie zu begrüßen, einige Fragen:
   • Welche physische Umgebung wird sie am meisten brauchen, um zu wachsen?
   • Welche Emotionen ruft sie in Ihnen wach?
   • Welche Sorte Menschen wird sie um sich brauchen?
   • Was ist ihre Absicht, ihr Ziel?
   • Was will sie von Ihnen lernen, und was will sie Sie lehren?
   • Wie können Sie ihr am besten helfen?
   • Gibt es Farben, die für sie am besten sind?
   • Welcher Name wäre für ihr Lebensziel der geeignetste?
   (Versuchen Sie nicht, Antworten zu forcieren. Im Verlauf der Schwangerschaft wird sicherlich auch die Klarheit und die Anzahl der Antworten wachsen.)

8. Schicken Sie anschließend liebevolle Gefühle und Will-
   kommensgrüße an diese spirituelle Essenz. Während Sie
   dies tun, schwebt sie in Richtung Ihrer eigenen spirituellen Essenz. Die Formen und Lichter beider ver-
   schmelzen, vereinigen sich mit intensivem Leuchten
   und einem überströmenden regenbogenfarbenen Licht-
   schwall. Sie können fast hören, wie höhere Wesen
   einen Gesang der Freude über diese schöpferische Vereinigung anstimmen. Die beiden Lichter pulsieren, teilen ihre Energien und ihre Essenz miteinander und werden zu *einer* Form.

9. Diese eine Form strahlt mit noch hellerem Glanz, wen-
   det sich Ihnen zu und verschmilzt sanft wieder mit
   Ihrem physischen Körper. Ein freudiger Schauer über-
   kommt Sie, erfüllt Sie mit Freude und Staunen. Das
   Licht in Ihrem Herzen, so fühlen Sie, leuchtet nun noch
   heller. Und dann fühlen Sie es. Ein sanftes, zartes Pulsieren wird in Ihrem Körper spürbar. Sie sind sich nicht
   sicher, ob Sie es sich eingebildet haben oder nicht,
   doch dann fühlen Ihre Hände auf dem Bauch es ebenfalls. Und Ihr Herz macht einen Sprung!

10. Atmen Sie tief durch, heißen Sie diese wundervolle
    Erfahrung willkommen, und erfreuen Sie sich daran!
    Dann, ganz allmählich, lassen Sie Ihr Bewußtsein wie-
    der in den Normalzustand zurückkommen ...

10
Ein Beweis für Ihre früheren Leben?

Bei der Erkundung früherer Leben ist es wichtig, daß man sich nichts vormacht. Selbsttäuschung vermeiden Sie am besten dadurch, daß Sie besonders aufmerksam bei der Sache und vollkommen ehrlich sich selbst gegenüber sind. Die meisten Leben, an die wir uns erinnern und die uns heute betreffen, werden keine besonders berühmten Leben sein. Sie werden wahrscheinlich nichts besonders Glamouröses, Spektakuläres oder Dramatisches haben. Unser größtes Wachstum kommt, wie eingangs gesagt, aus Leben, in denen wir gelernt haben, unseren täglichen Prüfungen und Pflichten gerecht zu werden.

Versuchen Sie nicht, Ihre früheren Leben zu verherrlichen. Seien Sie sich klar darüber, daß die meisten Menschen Leben hatten, die voller Begabung, Erfüllung und Überfluß auf allen Ebenen waren. Die meisten von uns hatten jedoch *auch* Leben, die das ganze Gegenteil davon waren. Jedes Leben bringt seine eigenen einzigartigen, aber nicht weniger wichtigen Lektionen mit sich.

Übertreiben Sie es nicht mit Ihren früheren Leben! Ich möchte das am Anfang des Buches Gesagte nochmals wiederholen: *Ihr Augenmerk sollte immer auf die Gegenwart gerichtet sein.* Wenn Sie sich dabei ertappen, daß Sie ständig nur über Ihre früheren Leben reden und anderen Leuten darüber Vorträge halten, oder wenn Sie plötzlich merken, daß Sie es jeden Tag nach Feierabend überhaupt nicht erwarten können, eine neue Expedition in die Welt Ihrer früheren Leben zu starten, dann sind Sie kurz davor, Ihre Objektivität zu verlieren, und sollten etwas kürzer treten. Es könnte sein, daß Sie die Erforschung früherer Leben als Flucht aus der Wirklichkeit mißbrauchen.

Es kann auch sehr schnell passieren, daß wir frühere Leben und ihre Einflüsse und Beziehungen zu unserem gegenwärtigen Leben falsch deuten. Dies ist einer der Gründe, warum ich das Führen eines Tagebuchs früherer Leben empfehle. Das Aufschreiben macht es notwendig, die Dinge mit dem Verstand zu analysieren und ihnen etwas mehr auf den Grund zu gehen. Außerdem gibt das Tagebuch uns die Möglichkeit, gelegentlich zu überprüfen, wie zutreffend unsere Interpretationen waren.

Wenn Sie die Informationen aus einem früheren Leben verwendet haben, um ein gegenwärtiges Muster zu identifizieren und zu verändern, und es nicht funktioniert hat, dann sollten Sie vielleicht noch einmal die Verbindung von früher mit heute überdenken. Handelt es sich bei den aufgetauchten Erkenntnissen lediglich um unbewußte Phantasien, eine Art Wunschdenken, oder haben Sie die Information lediglich falsch angewendet? Der Schlüssel liegt im genauen Hinsehen und Überprüfen. Stellen Sie alles in Frage. Sehr oft ist die Anwendung von Informationen aus früheren Leben auf gegenwärtige Lebensumstände ein Versuch-und-Irrtum-Prozeß.

Wie können wir die Gültigkeit der gewonnenen Informationen ermessen? Selbst wenn wir beweisen können, daß eine Person mit diesem Namen an dem gefundenen Ort und in der entsprechenden Zeit gelebt hat, beweist das nicht unbedingt, daß ausgerechnet Sie diese Person waren. Viel wichtiger als der Beweis der historischen Authentizität dieser Informationen ist es, *eine nützliche Anwendung für sie zu finden*!

- Erklärt diese Information Ihnen eine gegenwärtige Lebenssituation, und vermag sie, Ihnen die Angst davor zu nehmen?
- Hilft das Wissen Ihnen, ein altes Problem zu lösen oder ein negatives Muster aufzubrechen?
- Fühlen Sie sich durch die Information besser – sich selbst gegenüber oder in bezug auf jemand anderen?

Nur Sie selbst können die Gültigkeit einer Information beurteilen. Verlassen Sie sich nicht auf den Kommentar anderer! Und suchen Sie immer nach einer praktischen Anwendung. Zur Evolution gehört das Übernehmen einer aktiveren Verantwortung dafür, was wir in unserem Leben zulassen und was nicht. Stellen Sie alles auf die Probe.

Es ist auch sehr leicht, ein schlechtes Urteilsvermögen mit schlechtem Karma zu verwechseln. Triviale Angelegenheiten werden häufig mit der Auswirkung irgendeines früheren Lebens entschuldigt. Es gibt Leute, die gern den Begriff des Karmas mißbrauchen, um jedwede Macke und Laune in ihrem gegenwärtigen Leben zu entschuldigen oder zu rechtfertigen. Vergessen Sie nicht, daß wir in eine physische Gestalt gekommen sind, sowohl um neue Dinge zu lernen als auch um die alten zu korrigieren!

Denken Sie auch daran, daß Sie sich der Gesetze der Evolution, der Reinkarnation und des Karmas nicht *bewußt* zu sein brauchen, um ein erfülltes Leben zu führen und innerlich zu wachsen. Um Vergangenes aufzulösen und positive Muster für die Zukunft zu setzen, ist nichts weiter nötig, als ein positives und kreatives Leben zu führen. Allein das Leben nach dem weisen Motto: »Was du nicht willst, das man dir tu ...« im Streben nach Erfüllung der Pflichten und Verantwortlichkeiten in Ihrem Leben, und der Wunsch, anderen zu dienen, wird Sie auf dem Pfad der Evolution ein gutes Stück voranbringen.

Wie machen Sie jeden Tag zu einem produktiven Tag? Woher wissen Sie, daß Sie Fortschritte machen? Woran erkennen Sie, daß Sie das Richtige tun, um auf Ihrem Weg voranzukommen? Die Antwort ist einfach. Stellen Sie sich jeden Tag *eine* Frage, und wenn Sie sie mit »ja« beantworten können, dann wachsen Sie und entwickeln sich. Wenn Sie mit »ja« antworten können, haben Sie sich in die aufwärts laufende Spirale der spirituellen Evolution begeben. Und diese Frage lautet:

»Gibt es zumindest *einen* Menschen, der glücklich ist, daß ich da bin und lebe?«

Die am häufigsten gestellten Fragen

Gibt es Reinkarnation auch für Tiere?

Über diese Frage gibt es mehrere Theorien. Nach der einen Theorie *können* Tiere wiedergeboren werden, Intelligenz sammeln, eine Persönlichkeit, einen Charakter entwickeln und sich zu einer höheren Tierart entwickeln, immer weiter, bis sie schließlich zu beseelten Wesen werden. Dann haben sie sich die Möglichkeit verdient, eine sehr ursprüngliche menschliche Seelenessenz anzunehmen. Andere vertreten die Ansicht, daß Tiere keine Persönlichkeit und keinen Charakter haben, sondern ausschließlich ein Instinktverhalten. (Jeder, der einmal ein geliebtes Haustier besaß, weiß, daß dies nicht zutrifft.)

Wieder andere glauben, daß es für das gesamte Tierreich eine »Überseele« gibt. Nach dem Tod wird das Tier einfach wieder Teil einer Gruppenseele, statt eine individuelle Seele zu besitzen. Und manche sind weiter der Überzeugung, daß Tiere in der Gesellschaft von Menschen Persönlichkeit, Intelligenz und Charakter entwickeln können und sich schließlich von der Gruppenseele befreien, um wahre Individuen zu werden.

Wie auch immer die Wahrheit sein mag, wir sollten doch stets bedenken, daß Tiere Lebensformen symbolisieren, die im Vergleich zu uns relativ hilflos und unterentwickelt sind. Wir können mit Tieren ebenso leicht eine karmische Verbindung schaffen wie mit Menschen. In *allem* liegt eine Lektion verborgen, und es ist Bestandteil unserer seelischen Evolution, das Göttliche zu erkennen und zu achten, das in allen Lebensformen lebendig ist.

Was ist mit den ungeborenen Kindern? Was geschieht, wenn eine Seele aufgrund einer Fehlgeburt oder einer Abtreibung nicht auf die Welt kommen kann? Was geschieht, wenn der physische Körper ohne Leben geboren wird oder es nicht schafft, sich als Embryo vollständig zu entwickeln?

Dies sind komplizierte Fragen, doch sie werden häufig gestellt. In alter Zeit wurden die Geheimnisse der vorgeburtlichen Mysterien (physisch und spirituell gesehen) als Teil der weiblichen Mysterien von einer Frau zur nächsten persönlich weitergegeben. Es war damals die Frau, die im Falle einer Schwangerschaft die Entscheidung dazu getroffen hatte, den Verlauf derselben kontrollierte und bestimmte. Unglücklicherweise haben wir zu vielen dieser Aspekte den

Zugang verloren, und die moderne Gesellschaft konzentriert sich häufig allein auf das Physische. (Es sind aber Bestrebungen zu beobachten, die auch das Spirituelle in diesem Zusammenhang wieder einbeziehen.)

Die in den Fragen angesprochenen Situationen können häufig karmisch sein, vor allem für die hineinkommende Seele. Sie hat vielleicht zu ihrer eigenen Entwicklung noch diesen ganz besonderen Aspekt erleben müssen. Im Fall einer Fehlgeburt hat die Seele – aus welchem Grund auch immer – entschieden, daß es nicht der richtige Zeitpunkt ist.

Denken Sie daran, daß sich die Seele vom Augenblick der Empfängnis an auf die physische Form einzustimmen beginnt, doch ihre wahre Aufgabe erst beim ersten Atemzug aufnimmt. Sobald dieser Atemzug getan und der kleine Körper von der Mutter getrennt ist, wird die Seele zu einer selbständigen Wesenheit und beginnt ihre Arbeit. Innerhalb des Körpers der Mutter hat die Seele noch keine eigene Wesenhaftigkeit, sie ist Teil der Mutter und teilt das Leben mit ihr.

Wenn der zur Welt gekommene Körper – aus welchem Grund auch immer – ohne Leben ist, dann löst die Seele jegliche Verbindung auf und zieht sich auf die kosmische Ebene zurück, bis ein besser geeigneter Zeitpunkt und Ort verfügbar wird.

Es gibt natürliche und spirituelle Gesetze, denen alles Leben unterliegt. Ein Teil unserer Evolution erfordert es, daß wir mit diesen in unseren individuellen Lebensumständen zu arbeiten lernen. Die Zerstörung des Embryos ist nun zwar ein Bruch des Naturgesetzes, doch hat es keine Auswirkung auf die Seele des Kindes. Jeder muß selbst entscheiden, ob es legitim und moralisch verantwortbar ist, in den natürlichen Prozeß einzugreifen. Dabei sollte man auch bedenken, daß das *Gesetz des freien Willens* ebenfalls ein göttliches Gesetz des Universums ist.

Was geschieht, wenn jemand vorzeitig stirbt – etwa bei einem Unfall als Kind oder Jugendlicher?

Kein Leben ist vergebens, ganz gleich, wie kurz es auch gewesen sein mag. Der Lernprozeß beginnt im Augenblick unseres ersten Atemzuges. Bei einem vorzeitigen Tod wird die Seele wiederkehren, um ihren Lernprozeß und ihre Lebensspanne zu vollenden. Sie wird schneller als gewöhnlich auf die Erde zurückkommen, um zu vervollständigen, was unvollendet blieb. Gelegentlich kann der frühe Tod auch jemand anderem, etwa den Eltern, eine Möglichkeit geben, bestimmte Aspekte einer Lektion zu erfahren.

Was, wenn wir vergangene Leben in unserem gegenwärtigen Leben gar nicht erinnern? Spielt es dann überhaupt eine Rolle, ob wir schon einmal gelebt haben oder nicht?

Würde es uns wirklich nützen, wenn wir alle Details unserer früheren Leben in Erinnerung behalten würden? Könnten wir überhaupt die Last vergangener Fehler ertragen und dennoch imstande sein, unser ganzes Augenmerk darauf zu richten, Nutzen aus *diesem* Leben zu ziehen? Das Fehlen von Erinnerungen an frühere Leben ist unerläßlich für neues Wachstum und Entwicklung. Wir können dadurch die Lektionen unseres Lebens ohne Schuldgefühle und mit einer neuen Perspektive angehen. Es ist wichtiger, der Gegenwart unsere Aufmerksamkeit zu schenken, als in der Vergangenheit zu verweilen.

Außerdem sind wir die Gesamtsumme unserer »Vergangenheiten«. Viele unserer speziellen Fähigkeiten, Interessen und Desinteressen, Vorlieben und Abneigungen entstammen vergangenen Erfahrungen. Erinnerungen an frühere Leben können als spirituelles Potential angeregt und entwickelt werden, wie wir im Verlauf dieses Buches gesehen haben, obgleich viele Menschen auch zufrieden sind, die Vergangenheit ruhen zu lassen und nicht einmal über sie zu reflektieren. Auch ohne eine bewußte Auseinandersetzung mit diesen Erinnerungen gibt es mit fortschreitendem Alter gelegentlich schlaglichtartige, spontane Rückblicke in die eigene Vergangenheit.

Ist es nützlich, ein Medium oder einen Hypnotiseur aufzusuchen, um an Informationen früherer Leben zu kommen?

Dies hängt ganz und gar von der Qualität des Mediums oder Hypnotiseurs ab. Es gibt sehr gute und weniger gute! Wichtig ist, daß Sie im Blick behalten, daß niemand mehr über Sie weiß als Sie selbst. Es kann hilfreich sein, ein Medium zu konsultieren, aber Sie sollten nicht blind alles annehmen, was sie oder er sagt. Denken Sie, wenn Sie Hilfe suchen, daran, daß Sie sich in die Position des Annehmenden begeben und folglich leichter beeinflußbar sind. Geben Sie Ihren gesunden Menschenverstand nicht an der Tür ab. Stellen Sie das, was Ihnen gesagt wird, auf die Probe. Trifft es auf Sie zu? Ist es umsetzbar für Ihr jetziges Leben? Hilft es Ihnen, mit einem bestimmten Aspekt in Ihrem Leben umzugehen oder ihn besser zu verstehen?

Obwohl ich bereits zahllose hypnotische Rückführungen und Beratungen über frühere Leben gegeben habe, ziehe ich es vor, Menschen darin zu unterrichten, wie sie es für sich selbst tun können. Dies gibt ihnen eine größere Verantwortung in dem Prozeß.

Ich habe vielfach gehört, daß ein Medium behauptet, es könne die »Akasha-Chronik« einer Person entschlüsseln. Diese Aufzeichnungen enthalten alles – gleich einem Reservoir –, was ein Mensch in Vergangenheit und Gegenwart erfahren hat und wohin es in Zukunft führen wird. Die meisten dieser Medien »lesen« in Wirklichkeit die Nachwirkungen der Vergangenheit, die von der betreffenden Person in ihre gegenwärtige Inkarnation gebracht wurde: Diese trägt sie in der Aura und ihrer ätherischen Beschaffenheit.

Der einzige, der wirklich Zugang zu Ihrer Akasha-Chronik (dem Buch Ihres Lebens) hat, sind Sie selbst – ein wahrer Meister (der dies in den meisten Fällen niemals offenbaren würde) – und jene göttlichen Wesenheiten, die mit Ihnen an Ihrer Evolution arbeiten. Sogar Sie selbst müssen sich die Gelegenheit, Zugang zu diesen Aufzeichnungen zu finden, erst *verdienen*, weil damit die größte aller spirituellen Verantwortungen verbunden ist. Das heißt nicht, daß die Informationen über frühere Leben, die solche Medien angeblich aus Ihrer Akasha-Chronik lesen, falsch ist: nur die Quelle ist eine andere.

Können wir feststellen, wie und wann die nächste Inkarnation sein wird?

Es gibt gegenwärtig Versuche in den USA, so etwas wie hypnotische »Progressionen« zu unternehmen, die zukünftige Inkarnationen aufdecken. Bisher gibt es jedoch noch nichts Definitives zu berichten. Wenn wir die Muster unseres gegenwärtigen Lebens erkennen können, dann können

wir auch eine Vorstellung davon entwickeln, welche Fähigkeiten und Qualitäten wir in das nächste Leben hineintra-
gen werden. Was jedoch die konkreten Umstände und die
Bestimmung der Zeit anbelangt, so erfordet dies ein sehr
hohes Maß an spiritueller Entwicklung.

Es gibt manche Geschichten über Meister aus dem
Osten, die vorhersagen, wann sie wieder auf die physische
Ebene zurückkehren werden. Es heißt, daß Tibets Dalai
Lama stets weiß, wann und wo seine nächste Inkarnation
stattfinden wird. Nach seinem Tod und wenn die vorher-
gesagte Zeit naht, wird er unter den Kindern in der vorher-
gesagten Region gesucht. Den Kindern werden ganz spezielle Aufgaben gestellt, um festzustellen, wer von ihnen die
wahre Inkarnation ist. Ein Teil dieser Tests hat mit der Wie-
dererkennung persönlicher Gegenstände zu tun, die stets
nach dem Tode aufbewahrt werden. Sobald das Kind
identifiziert ist, wird es einer besonderen Ausbildung unter-
zogen, um das Erlernte wiederzuerwecken und das Kind
darin zu unterstützen, sich noch weiter zu entwickeln und
auf diese Weise ein einflußreicher spiritueller Lehrer zu
werden.

Ist es sinnvoll, mit Kindern frühere Leben zu erforschen?

Generell nicht. Die meisten Kinder sind, bis sie das Alter
von vier bis acht Jahren erreicht haben, noch nicht vollständig in der physischen Erfahrung des Lebens verwurzelt.
Eine zu starke Beschäftigung mit früheren Leben kann diesen Verwurzelungsprozeß aufhalten. Die meisten Kinder
haben spontane Erinnerungen an vergangene Erfahrungen,
die sie oft nur beiläufig erwähnen und nicht weiter betonen. Solche spontanen Erinnerungen sind sporadisch, doch

sie treten am häufigsten im Alter von zwei bis vier Jahren auf, werden dann seltener, bis sie schließlich in der Pubertät zumeist ganz verschwinden.

Es kann nützlich für die Eltern sein, eine Rückführung in frühere Leben in bezug auf ihre Kinder zu machen. Angeborene Krankheiten, chronische Leiden, unerklärliche Ängste oder ähnliches können ihre Ursachen in der Vergangenheit haben und in der Gegenwart zutage treten. Eine Erforschung früherer Leben, besonders mit solchen Übungen wie am Ende des vorangegangenen Kapitels, kann die Eltern darin unterstützen, ihrem Kind zu helfen, die Situation auf die konstruktivste Weise zu lösen oder damit umzugehen.

Viele Eltern fragen sich, wie sie wissen können, was für ihr Kind das beste ist. Das ist nicht leicht. Die Erziehung eines jeden Kindes ist anders. Kinder können nicht immer gleich behandelt werden. Manche Eltern sagen mit Bedauern:»Wenn ich nur damals schon gewußt hätte, was ich heute weiß ... « Vielleicht wäre es tatsächlich besser gewesen, aber auf der anderen Seite hätte man dem Kind dann bestimmte Lektionen und Erfahrungen vorenthalten, die es für seine Entwicklung machen mußte. Unsere *Absicht* ist das Entscheidende!

Fehler, die Eltern bei der Erziehung ihrer Kinder machen, äußern sich nicht unbedingt auf drastische Weise. Wir können unter anderem aus der Reinkarnation ein neues Gefühl von Verantwortung lernen für unsere Entscheidungen und Handlungen. Letztlich dürfen wir nicht vergessen, daß, welche Entscheidung auch immer wir treffen, sie ihre Konsequenzen haben wird – manche deutlich erkennbar, andere nicht. Teil unserer Verantwortung ist es, Entscheidungen zu treffen *und* bereit zu sein, die Konsequenzen auf uns zu nehmen – wie auch immer sie ausfallen mögen. Wir sollten daran denken, daß wir auch durch unsere Fehler lernen und wachsen – solange wir erkennen, daß wir »das *so* nicht noch einmal machen werden.«

Welche karmischen Auswirkungen hat eine Scheidung?

Häufig machen Menschen die Lektionen oder das Karma der Vergangenheit verantwortlich für Probleme in ihrer Ehe. Wie ich bereits sagte, sollte man sich jedoch davor hüten, schlechtes Urteilsvermögen mit schlechtem Karma zu verwechseln! Vielleicht geht man heutzutage übereilt eine Ehe ein, ohne die vollen physischen, emotionalen und spirituellen Konsequenzen zu bedenken. Der Grund für das lange Werben und die lange Verlobungszeit in früheren Zeiten war, daß man vor der Heirat die echte Verbundenheit zwischen den Partnern sicherstellen wollte. Tatsächlich wurden auch arrangierte Hochzeiten oft erst dann geplant, nachdem die astrologischen und andere Verträglichkeiten bestimmt worden waren.

Im Falle einer Scheidung kann es zahlreiche Lektionen geben – offensichtliche und subtile. Manchmal lernen wir Menschen unsere Lektionen nur auf die harte Weise – besonders, wenn wir es uns ganz einfach machen wollen. Die Partnerverbindung kann solange bestehen bleiben und von einem zum nächsten Leben fortgetragen werden, bis alle Themen und Angelegenheiten gelöst und in Harmonie gebracht wurden. Das heißt jedoch nicht, daß Sie auch im nächsten Leben wieder eine Ehe eingehen müssen, um ein bestimmtes Thema zu lösen. Ungelöste Themen können möglicherweise in einer anderen Art von Beziehung viel leichter bereinigt werden. Das ist von Mensch zu Mensch anders.

Besondere Sorgfalt ist bei außerehelichen Beziehungen geboten. Abgesehen von dem unmoralischen Verhalten, das man der Untreue beimessen mag, gibt es noch größere Bedenken: Obwohl es zumeist gar nicht erkannt wird, verbindet der sexuelle Akt doch die Energien zweier Menschen auf einer sehr intimen – fast atomaren – Ebene. Der Dritte – also etwa der an der Affäre Beteiligte – verbindet seine Energien mit denen des verheirateten Paares. Dies kann karmische Verbindungen zu beiden, einschließlich ihrer besonderen Probleme und Lektionen herstellen.

Diesem Problem kann man aus dem Wege gehen, indem man darauf achtet, daß eine intime sexuelle Vereinigung erst stattfindet, nachdem Trennung und Scheidung vollzogen sind. Diese Vorsichtsmaßnahme hilft dabei, daß die Energie der dritten Person nicht mit den Lebenslektionen des verheirateten Paares vermischt werden. Die Lektionen des Ehepaares bleiben, wie es sein sollte, ihre eigenen.

Ist Reinkarnation etwas Unchristliches?

Nein. Es gibt mehrere Hinweise im Neuen Testament darauf, daß Jesus mit den Gesetzen und Prinzipien der Reinkarnation sehr vertraut war. Das Gesetz des Ausgleichs beispielsweise spiegelt sich deutlich wider in seinen Worten: »Wie ihr sät, so werdet ihr ernten«, wie wir bereits am Anfang des Buches festgestellt haben. Im Johannes-Evangelium (8,56–58) sagt Jesus seinen Jüngern: »Bevor Abraham war, war ich.« Beide Aussagen sind deutliche Hinweise auf ein Wissen um die Reinkarnation, und es gibt noch weitere.

Ist es gut, mit den Verstorbenen in Kontakt kommen zu wollen, um zu bestätigen, daß es ein Leben nach dem Tode gibt?

Der moderne Spiritismus hat viel dazu beigetragen, die Realität eines Lebens nach dem Tode zu beweisen. Spiritisten glauben, daß die Kommunikation mit den Geistern drei Zielen dient: 1. die Kontinuität des Lebens zu beweisen, 2. die Angst vor dem Tod zu nehmen und 3. höhere Lehren entgegenzunehmen. Ein spiritistisches Medium ist ein Medium, dessen Organismus empfänglich ist für die Schwingungen der Geisterwelt und durch das Intelligenzen aus jener Welt Botschaften zu übermitteln vermögen und verschiedene Phänomene hervorrufen können.

Channeling, die Durchgabe von Botschaften aus der geistigen Welt, und andere Formen von Kommunikation mit Nicht-Inkarnierten sind nach wie vor recht populär. Sie haben ihren Wert, aber viele davon sind nicht mehr als vage und leere Platitüden. Bei dem Bestreben, mit Verstorbenen zu kommunizieren, kann es eine Tendenz geben, diese dadurch an die irdische Ebene zu fesseln (üblicherweise aus rein egoistischen, emotionalen Gründen), statt ihnen zu gestatten, sich in ihrem eigenen Evolutionsprozeß voranzubewegen. Hier ist Vorsicht geboten.

Wir sollten auch bedenken, daß der Tod einen Menschen keineswegs intelligenter oder weiser macht, als dieser es zu Lebzeiten war. Wir sollten die Geister »auf die Probe stellen«.

Unser Augenmerk sollte immer auf die physische Ebene gerichtet bleiben sowie darauf, wie wir unsere spirituelle Essenz dynamischer in unseren Lebensumständen verwirklichen können. Einem »spirituellen« Führer aus dem Jenseits zu folgen und dabei den eigenen Willen zu vergessen wird Sie in Schwierigkeiten bringen. Der Kontakt mit außerkörperlichen Ebenen kann zudem leicht das Bewußtsein von den physischen Belangen abziehen. Jene, die von uns gegangen sind, wie auch unsere spirituellen Führer und Lehrer, werden niemals unser Leben für uns leben. Diese Aufgabe ist letztlich uns selbst überlassen, uns ganz allein. Im Falle einer echten Kommunikation – sei es mit einem geliebten Menschen, der von uns gegangen ist, oder mit einem wahren spirituellen Lehrer – werden diese geistigen Wesen erwarten, von uns »auf die Probe gestellt« zu werden. Sie werden nicht jeden Aspekt unseres Lebens lenken, noch werden sie jedes unserer Probleme lösen.

Nachwort

Reinkarnation stellt die göttliche Gerechtigkeit wieder her. Sie gibt uns wahre Zuversicht und Hoffnung, und sie fördert das Verstehen von Leben und Tod, Glanz und Tragik. Sie gibt dem Leben wieder einen Sinn und läßt uns wieder empfinden, was göttliche Liebe ist. Spirituelle Vollendung wird im Licht der Reinkarnation zu einer Realität.

Manche werden einwenden, daß die Reinkarnationslehre den Fatalismus predigt: »Wenn ich ohnehin bestraft werde, dann ist es ja egal!« Wir wählen die Umstände unserer Geburt – die Umgebung, Familie, Zeit – so, daß wir die Lektionen lernen können, die wir am meisten brauchen. Wenn wir versagen, müssen wir uns mit denselben Lektionen noch einmal auf einer anderen Ebene auseinandersetzen, möglicherweise unter weniger günstigen Bedingungen. Je weniger wir uns bemühen, desto eher werden wir versagen, und desto größer wird die Aufgabe.

Das göttliche Universum schenkt jedem von uns die Gelegenheit zum Wachstum. Ob wir sie nutzen oder nicht, hängt ganz von uns ab. Wir haben die Wahl, und so haben wir auch hier zwei Möglichkeiten – Erfolg (und Wachstum) oder Mißerfolg (Versagen). War unser Bemühen erfolgreich, bewegen wir uns weiter auf eine höhere Ebene. Versagen wir, haben wir nicht unbedingt verloren. Wir müssen

uns lediglich der Aufgabe noch einmal stellen – und wenn
nötig noch einmal und noch einmal. Wenn wir eine Schul-
arbeit immer wieder in den Sand setzen und nicht weiter-
kommen, haben wir irgendwann genug, und wir werden
etwas unternehmen. Bei der Reinkarnation ist es ähnlich.

Sobald wir beginnen, diesen Prozeß zu verstehen, verlieren wir unsere Angst. Wir verlieren unsere Schuldgefühle.
Und wir gewinnen neue Hoffnung und neue Erwartungen.
Reinkarnation ist etwas sehr Einfaches und Schönes. Sie
gibt uns Antworten. In der Reinkarnation liegt die Möglichkeit verborgen, unser Leben für die Liebe, das Wachstum und das Göttliche in uns zu leben.

Literaturverzeichnis

Bardon, Franz: *Der Schlüssel zur wahren Kabbalah.* Rüggeberg, Wuppertal 1998

Brunton, Paul: *Das Ich und die Wiedergeburt.* Aquamarin Verlag, Grafelfing 1993

Cayce, Edgar: *Du weißt, wer du warst.* Goldmann TB, München 1990

Cranston, Sylvia & Williams, Carey: *Wiedergeburt.* Hirthammer, München.

Fielding, Charles: *Die praktische Kabbala. Der leichte Einstieg in ein komplexes System.* Verlag Hermann Bauer, Freiburg 1996

Fortune, Dion: *Durch die Tore des Todes ins Licht.* Smaragd Verlag, Köln 1992

Gonzáles-Wippler, Migene: *Die moderne Kabbala. Über die Beziehung zwischen Mensch und Kosmos.* Verlag Hermann Bauer, Freiburg 1995

Grinder, John & Bandler, Richard: *Therapie in Trance.* Klett-Cotta, Stuttgart 1998

Hall, Judy: *Déja vu? Wie wir karmische Verbindungen erkennen.* Edition Astrodata, Wettswil 1999

Jürgens, Heinrich: *Die Wünschelrute und ihr Gebrauch.* Verlag Hermann Bauer, Freiburg 1995

Klink, Joanne: *Früher, als ich groß war. Reinkarnations-*

erinnerungen von Kindern. Aquamarin Verlag, Grafelfing 1998

Lancer, Bob: *Das Kabbala-Orakel. Mit Karten-Set*. Verlag
Hermann Bauer, Freiburg 1999

Leadbeater, C. W: *Das innere Leben*. Bd. 1 & 2, Aquamarin
Verlag, Grafelfing 1990/91

Leadbeater, C. W: *Der sichtbare und der unsichtbare
Mensch*. Aquamarin Verlag, Grafelfing 1999

Lehner, Reinhard: *Handbuch der Pendeltafeln*. Verlag Hermann Bauer, Freiburg 1999

Lehner, Reinhard: *Neue Pendeltafeln für Gesundheit und
Lebenshilfe*. Verlag Hermann Bauer, Freiburg 1998

M. Pryse, James: *Reinkarnation im Neuen Testament*. W.
Ludwig, München 1995

Oehms, Heide: *Karma-Erkenntnis, warum? Innere Entwicklung als Grundlage geistiger Fähigkeiten*. Urach-
haus, Stuttgart 1999

Vallieres, Ingrid: *Praxis der Reinkarnationstherapie. Konsequenzen und Reichweite*. S. Naglschmid, Stuttgart
1997

Whitfield, Joseph: *The Eternal Quest*. Treasure Publications, Roanoke, VA, 1983